Walter Immler

Das OpenStreetMap Handbuch

Walter Immler

Das OpenStreetMap Handbuch

Kartenmaterial nutzen und weiterentwickeln: OpenStreetMap durch eigene Einträge verbessern und in eigene Apps oder Webseiten integrieren.

Bibliografische Information der Deutschen Bibliothek

Die Deutsche Bibliothek verzeichnet diese Publikation in der Deutschen Nationalbibliografie;
detaillierte Daten sind im Internet über http://dnb.ddb.de abrufbar.

Alle Angaben in diesem Buch wurden vom Autor mit größter Sorgfalt erarbeitet bzw. zusammengestellt und unter Einschaltung wirksamer Kontrollmaßnahmen reproduziert. Trotzdem sind Fehler nicht ganz auszuschließen. Der Verlag und der Autor sehen sich deshalb gezwungen, darauf hinzuweisen, dass sie weder eine Garantie noch die juristische Verantwortung oder irgendeine Haftung für Folgen, die auf fehlerhafte Angaben zurückgehen, übernehmen können. Für die Mitteilung etwaiger Fehler sind Verlag und Autor jederzeit dankbar. Internetadressen oder Versionsnummern stellen den bei Redaktionsschluss verfügbaren Informationsstand dar. Verlag und Autor übernehmen keinerlei Verantwortung oder Haftung für Veränderungen, die sich aus nicht von ihnen zu vertretenden Umständen ergeben. Evtl. beigefügte oder zum Download angebotene Dateien und Informationen dienen ausschließlich der nicht gewerblichen Nutzung. Eine gewerbliche Nutzung ist nur mit Zustimmung des Lizenzinhabers möglich.

© 2014 Franzis Verlag GmbH, 85540 Haar bei München

Alle Rechte vorbehalten, auch die der fotomechanischen Wiedergabe und der Speicherung in elektronischen Medien. Das Erstellen und Verbreiten von Kopien auf Papier, auf Datenträgern oder im Internet, insbesondere als PDF, ist nur mit ausdrücklicher Genehmigung des Verlags gestattet und wird widrigenfalls strafrechtlich verfolgt.

Die meisten Produktbezeichnungen von Hard- und Software sowie Firmennamen und Firmenlogos, die in diesem Werk genannt werden, sind in der Regel gleichzeitig auch eingetragene Warenzeichen und sollten als solche betrachtet werden. Der Verlag folgt bei den Produktbezeichnungen im Wesentlichen den Schreibweisen der Hersteller.

Programmleitung: Dr. Markus Stäuble
Lektorat: Christian Immler
Satz: DTP-Satz A. Kugge, München
art & design: www.ideehoch2.de
Druck: CPI-Books
Printed in Germany

ISBN 978-3-645-60319-5

Inhaltsverzeichnis

1	Der Kartendienst OpenStreetMap	11
	1.1 Benutzung von OSM	13
	1.2 Standardkarte	15
	1.3 Spezialkarten	17
	Radfahrerkarte	17
	Wander- und Fahrradkarte	18
	Wanderwege	18
	Outdoorkarte	21
	Verkehrskarte	25
	Öffentlicher Verkehr	26
	Eisenbahnkarte	27
	Seekarte	28
	Freie Tonne	29
	Öffnungszeiten	30
	Gastronomie	32
	Straßenbeschränkungen	33
	Park-Karte	34
	Geofabrik-Tools	35
	Feuerwehrkarte	36
	IconMap	37
	Rollstuhlkarte	39
	Rollstuhlrouting	40
	Mauerkarte	42
	OpenLinkMap	43
	OpenStreetBrowser	44
	MapQuest-Routenplaner	46
	OpenRouteService	48
	OSM-Routing-Service	49
	OpenCellID	49
	Weitere Karten	51
	1.4 Hilfe für den Anwender	51
	1.5 Fehlerhinweise ohne Anmeldung	51
	1.6 Anmeldung zum Änderungssystem	54
	1.7 Quellen von Änderungen	55
	Eigene Erfahrungen	55
	Quellen aus der Community	55

		Offizielle Quellen	55
	1.8	Ziel von Änderungen	56
	1.9	Equipment	56
		PC und Monitor	56
		Laptop und Tablets	56
		GPS-Geräte	57
		Smartphones	57
		Nicht technische Ausrüstung	58
	1.10	Arbeiten mit der Karte	58
		Teilen von OpenStreetMap	59
		Teilen anderer Karten	60
2	**OSM-Datenbank**		**61**
	2.1	Die OSM-Datenbank	61
		Punkt	61
		Linie	62
		Fläche	62
		Relation	63
		Attribut	63
	2.2	Grafische Daten	64
3	**Bearbeiten**		**65**
	3.1	Der Editor JOSM	65
	3.2	Die JOSM-Oberfläche	69
		Bearbeitungsausschnitt	69
		Menüleiste	70
		Werkzeugleiste	70
		Bearbeitungsfenster	71
		Statusfeld	72
	3.3	Arbeiten mit dem JOSM	73
		Bestehendes ändern	75
		Bestehendes verbessern	76
		Neues einfügen	78
		Objekte löschen	83
		Neue Relation	84
	3.4	Offene Themen	88
4	**Editoren**		**89**
	4.1	iD	90
	4.2	Potlatch 2	92
	4.3	JOSM	94

	4.4	Merkaartor	94
	4.5	ArcGIS	97
	4.6	Map Composer	97
	4.7	umap	98
	4.8	Editoren für Spezialkarten	101
		Map and Route	101
		Reit- und Wanderkarte	102
		Wheelmap	102
		Feuerwehrkarte	104
		GeoHack	108
	4.9	Änderungsprotokoll	109
5	**Werkzeuge**		**111**
	5.1	Overpass	111
		Beispielabfrage	112
		Abfragesprache	114
		Funktionen	115
		Abfragedetails	123
		Verwendung	125
	5.2	QGIS	125
	5.3	OpenCellID	125
		Kartenansicht	126
		Vorteile	127
		Vorgehensweise	128
	5.4	OSM Tools	131
	5.5	Kosmos	136
	5.6	Maperitive	136
		Installation	137
		Erste Schritte	137
		Weiteres Arbeiten	139
	5.7	Osmarender	144
	5.8	Field Papers	145
		Vorbereitungen	145
		Die eigentliche Arbeit	148
		Fazit	151
	5.9	Wikipedia	152
6	**Spezielles für Tablets und Smartphones**		**155**
	6.1	Open Touch Map	156
	6.2	komoot-Wanderkarten	157
	6.3	Feuerwehrkarte	160

6.4	OsmAnd	161
	Offlinekarten	162
	Navigation	163
6.5	OruxMaps	165
	Offlinekarten laden	165
	Offlinekarten auf dem Smartphone	168
	Strecken erstellen	169
6.6	Vespucci	175
	Vorbereitung	175
	Bearbeiten	177
	GPS-Optionen	181
6.7	OSM-Tracker	182
6.8	Apps für Windows Phone	185
	xMaps	185
	NaviComputer	186
	Multi Map	187
	Geldautomaten Online	188
6.9	Besonderheiten für Windows-Tablets	189
	Vectorial Map lite	189

7 Einbinden in Webseiten 191

7.1	Technik	192
	iFrame	192
	Frame	193
7.2	Anwendungen	193
	IconMap	193
	khtml.org	195
	OSM Tools	198

8 Community 201

8.1	Weltweit	201
	OSGeo	201
	FOSSGIS	202
8.2	Regionale und lokale Arbeitsgruppen	202

9 Insider-Tipps 203

9.1	OSM-Programmstruktur	203
9.2	Plugins	203
9.3	Relationen prüfen	203
9.4	Nominatim	204
9.5	Koordinatensysteme	206

	Was ist ein Koordinatensystem?	206
	Geografisches Koordinatensystem	208
	Gauß-Krüger-Koordinatensystem	210
	UTM-Koordinatensystem	210
	Locator-System für Funkamateure	211
	Umrechnungstabellen und Umrechnungsregeln	212
9.6	Remote Control	214
9.7	Öffnungszeiten	214
9.8	Neues Kartenbild	214
	Maperitive	215

Glossar 225

Stichwortverzeichnis 233

Der Kartendienst OpenStreetMap

Stadtpläne bieten eine Orientierungshilfe in fremden Städten. Wanderkarten weisen Wanderern den Weg oder dienen zu dessen Planung. Fremdenverkehrsorte werben in Prospekten mit Abbildungen ihrer Wander- und Skigebiete. Navigationsgeräte (Navi) lotsen den Autofahrer im Allgemeinen sicher durch unbekanntes Gelände.

Fast jeder kennt oder benutzt Landkarten. Meist in Papierform oder auf dem kleinen Bildschirm von Navigationsgeräten. Oftmals sind sie jedoch veraltet. Papierkarten werden selten häufiger als im Jahresrhythmus aufgelegt. Auch im Navi sind die Karten nur aktuell, wenn sie aus dem Internet heruntergeladen und regelmäßig aktualisiert werden.

Am heimischen PC ist über das Internet eine Vielzahl von Karten der verschiedensten Anbieter verfügbar. Zu den Anbietern gehören die bekannten Software-Unternehmen, aber auch viele Kartenverlage.

In den meisten Fällen aber lassen Aktualität und freie Verfügbarkeit zu wünschen übrig. Eine besondere Stellung nimmt da OpenStreetMap (www.openstreetmap.org) ein. OpenStreetMap wurde am 9. August 2004 von dem Informatikstudenten Steve Coast in London gegründet. Dieses Kartensystem ist erst (oder schon) zehn Jahre alt. Es hat viele Vorteile, denn es ist:

- aktuell,
- benutzerfreundlich,

1 Der Kartendienst OpenStreetMap

- werbefrei,
- frei zugänglich ohne Anmeldung,
- weltweit gepflegt.

Die Open Data Commons Open Database Licence (*) (ODbL) gewährleistet, dass alle Daten für jeden frei zugänglich und kostenlos sind und dies auch bleiben werden.

> **Glossar**
> Begriffe, die im Glossar am Ende des Buches erklärt sind, sind im Text mit einem Sternchen (*) markiert.

Dies schließt auch die Luftbilder von bing (*) ein. Ausdrücklich davon ausgenommen sind dagegen die Kartendaten von bing. Für die Aktualität von OSM arbeiten mehr als 1,6 Millionen private Anwender. Eine Diashow zeigt jeweils die weltweit zuletzt vorgenommenen Änderungen. Mit dem Link `osmlab.github.io/show-me-the-way` kann man sie aufrufen.

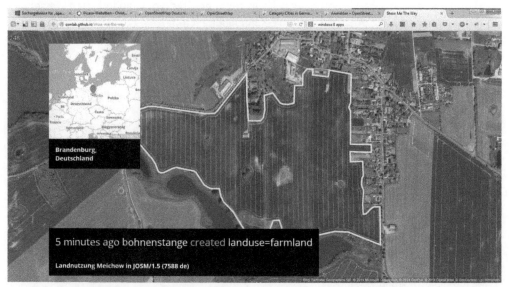

Bild 1.1: Eine Seite aus der Diashow

Wer sich für Statistiken zur Nutzung von OpenStreetMap in den letzten Jahren interessiert, sollte bei `wiki.openstreetmap.org/wiki/Statistics` nachsehen. Dort gibt es detaillierte Statistiken sowohl zu technischen Daten wie Serverauslastung als auch zur Nutzung, zum Beispiel wie viele Daten hochgeladen werden. Das vorliegende Buch widmet sich den genannten Vorteilen von OpenStreetMap. Insbesondere sollen Sie selbst in die Lage versetzt werden, dieses hervorragende Kartenwerk zu verbessern und aktuell zu halten. Sie können die Karten frei und ohne Einschränkungen auf Webseiten publizieren, ausdrucken und vervielfältigen. Sie müssen nur die oben genannte Lizenz einhalten.

> **Mapper**
> In der OSM-Community bezeichnen sich alle, die an dem Kartenwerk mitarbeiten, als Mapper (englisch für Kartograf).

1.1 Benutzung von OSM

OpenStreetMap (in diesem Buch im Folgenden immer mit OSM bezeichnet) bietet über zwei Adressen einen ersten Einstieg:

Die Hauptseite www.openstreetmap.org/ zeigt einen Kartenausschnitt von Mitteleuropa.

Bild 1.2: OSM — Allgemeine Einstiegsseite

1 Der Kartendienst OpenStreetMap

Auf der deutschen Seite www.openstreetmap.de/ können Sie sich über OSM informieren oder aber direkt zur Landkarte gehen. In einem Schaufenster werden verschiedene Spezialkarten gezeigt. Diese basieren auf OSM-Daten, sind jedoch zum Teil private Projekte. Dazu gehören zum Beispiel auch Karten für Rollstuhlfahrer, für Feuerwehren oder Eisenbahnlinien.

Bild 1.3: OSM mit der deutschen Einstiegsseite

1.2 Standardkarte

Bild 1.4: Einstieg über die deutsche Seite

Die Seite ist klar gegliedert und fast selbsterklärend.

1.2 Standardkarte

Die internationale wie auch die deutsche Einstiegsseite zeigen im Prinzip das gleiche Fenster. Neben dem eigentlichen Kartenbild sind folgende Werkzeuge zu sehen:

 **Bild 1.5:** Suchfeld

Eine vollständige Adresse (hier die Anschrift des Franzis-Verlags) führt sofort zu einem vergrößerten Kartenausschnitt. Das gesuchte Objekt wird mit einem »Merken« gekennzeichnet.

1 Der Kartendienst OpenStreetMap

Bild 1.6: Navigationsfeld

Mit den Pfeilen im Navigationsfeld links oben kann der Ausschnitt verschoben werden. Plus und Minus vergrößern oder verkleinern die Ansicht. Mit der gedrückten linken Maustaste lässt sich der Ausschnitt jedoch schneller verschieben. Das Mausrad vergrößert oder verkleinert die Ansicht.

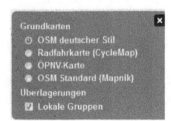

Bild 1.7: Auswahl der Grundkarten

Auf der allgemeinen Einstiegsseite (www.openstreetmap.org/) muss die Kartenauswahl aus dem Menü am rechten Rand über den Punkt *Ebenen* erst ausgeklappt werden:

Bild 1.8: Kartenauswahl

Die Kartennamen erklären sich weitgehend selbst. Mapnik und MapQuest sind verschiedene Programme zum Rendern (*) der Kartendaten. Humanitarian ist ein OSM-Projekt, das sich mit Kartendarstellungen für solche Gegenden der Erde befasst, für die es keine oder nur sehr mangelhafte Karten gibt.

1.3 Spezialkarten

Alle Spezialkarten basieren auf der OSM-Datenbank. Durch eine Filterauswahl können Details verstärkt, anders dargestellt oder auch ausgeblendet werden. Alle Daten der OSM-Datenbank stehen für alle Kartenarten zur Verfügung, auch wenn sie dort unter Umständen nicht angezeigt werden. Auf der speziellen Eisenbahnkarte zum Beispiel werden Radwege eventuell nicht angezeigt, so wie Eisenbahnsignale nicht in einer Rollstuhlkarte auftauchen.

Radfahrerkarte

Die OpenCycleMap-Karte kann im Ausklappmenü der Standardkarte angezeigt werden. Mit blauer Farbe sind dort alle speziellen Fahrradwege und Radwanderwege gekennzeichnet. Auch andere für Radfahrer interessante Informationen wie Reparaturwerkstätten und Unterkünfte sind zu sehen. Die Karte kann auch direkt von **www.opencyclemap.org** heruntergeladen werden.

Bild 1.9: Ausschnitt aus der Radfahrerkarte

Wander- und Fahrradkarte

Die Karte `hikebikemap.de` zeigt neben den Fahrradwegen auch viele Wanderrouten an. Zusätzlich zu den Wegen sind die Wegebezeichnungen, die Wegesymbole und die Standorte von Wegweisern sichtbar.

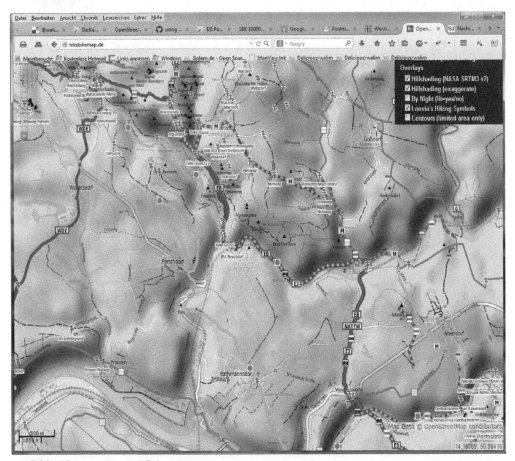

Bild 1.10: Wander- und Fahrradkarte

Wanderwege

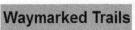
»Das Wandern ist des Müllers Lust«, heißt es im Sprichwort und dafür gibt es die spezielle Karte für Wanderwege Waymarked Trails (`waymarkedtrails.org/de`). Die Karte ist sehr übersichtlich und auf der Basis des

1.3 Spezialkarten

OSM-Materials erstellt. Die Höhendaten stammen von einem anderen Anbieter. Die Daten werden sehr schnell — innerhalb weniger Minuten — aktualisiert. Das Datum befindet sich links oben auf der Karte.

Das Suchen im Fenster links unten geht sehr schnell. Das rechte Seitenfenster zeigt die möglichen Treffer zur Auswahl. Vor allem werden hier auch die zum Suchbegriff passenden Routen angezeigt. Der Button mit dem Zahnradsymbol am unteren Bildrand ermöglicht feinere Karteneinstellungen, zum Beispiel die Intensität der Höhenschummerung.

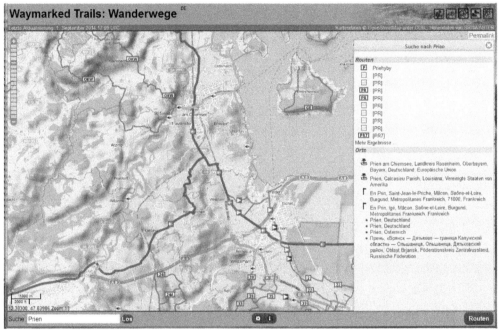

Bild 1.11: Suchergebnis auf der Wanderkarte

Mit dem Knopf *Routen* kann ein Verzeichnis aller Routen eingeblendet werden, die im Kartenausschnitt zu sehen sind. Der Vorteil: Die Auswahl ändert sich dynamisch mit dem Verschieben und Zoomen der Karte. Wenn der Cursor über eine Route streicht, wird sie auf der Karte farbig hervorgehoben. Die Wegemarkierung wird sowohl auf der Karte wie auch in der Beschreibung angezeigt.

Ein Klick auf einen Wandervorschlag blendet eine ausführliche Beschreibung der Route ein.

1 Der Kartendienst OpenStreetMap

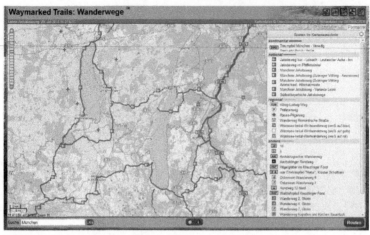

Bild 1.12: Karte Wanderwege mit Routen

> **Weitere Karten**
> Diese Seite bietet nicht nur Wanderkarten. Mit den kleinen Kästchen rechts oben (leider etwas versteckt) können auch Radwege, Mountainbike-Routen, Inline-Skating-Strecken und Wintersportpisten angezeigt werden. Der Knopf *Routen* zeigt dann auch nur die zugehörigen Informationen an.

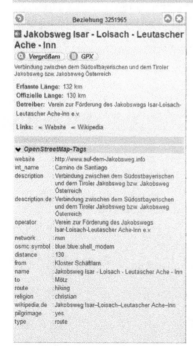

Bild 1.13: Beschreibung eines Wanderwegs

Outdoorkarte

 Das Angebot von komoot (www.komoot.de) eignet sich besonders dafür, Wander- und Fahrradtouren zu planen. Dazu bietet komoot neben einem eigenen Kartenbild auch OSM-Straßen- und OSM-Fahrradkarten an. Schon auf der Einstiegsseite wird eine zufällige Tour vorgeschlagen:

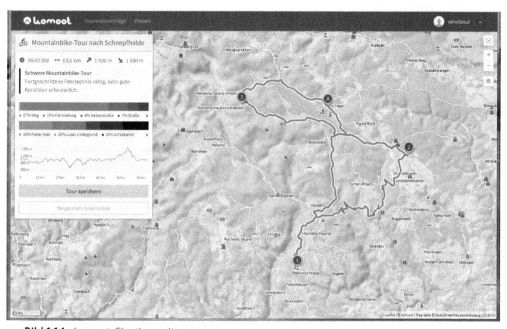

Bild 1.14: komoot-Einstiegsseite

Wichtiger als eine zufällige Tour ist natürlich ein echter Vorschlag oder eine wirklich geplante Tour. Bei Tourenvorschlägen müssen der Startpunkt (rechte Maustaste auf die Karte), die Art (Fahrrad, Wanderer usw.) und die Dauer ausgewählt werden. Komoot plant dann verschiedene Varianten.

Im folgenden Beispiel für einen Tourenvorschlag besteht die Vorgabe aus dem Startpunkt Stock am Chiemsee und fünf Stunden Fahrradfahren.

1 Der Kartendienst OpenStreetMap

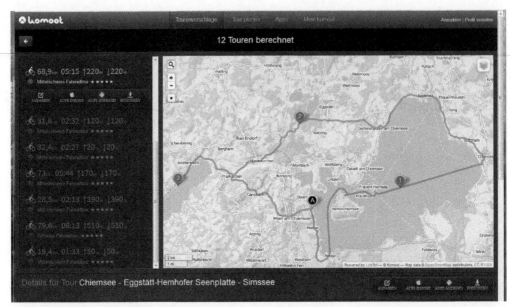

Bild 1.15: Mittelschwere Fahrradtour

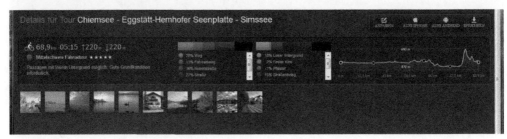

Bild 1.16: Unterer Fensterteil zur obigen Tour

In die Fahrradtour wurde sogar eine Schifffahrt auf dem Chiemsee eingeplant. Der untere Teil des Fensters zeigt Informationen zur Tour wie Höhenmeter, Wegeart und Oberflächenqualität. Im Höhenprofil rechts kann man mit der Maus die Tour nachfahren, während auf der Karte gleichzeitig der Streckenverlauf angezeigt wird. Zusätzlich gibt es eine Bilderleiste zur Tour.

Mit dem Menü *Tour planen* im folgenden Beispiel wurde eine Wanderung vom Bahnhof Starnberg zum Kloster Andechs geplant. Auf Wunsch können noch zusätzliche Wegepunkte eingefügt werden.

1.3 Spezialkarten

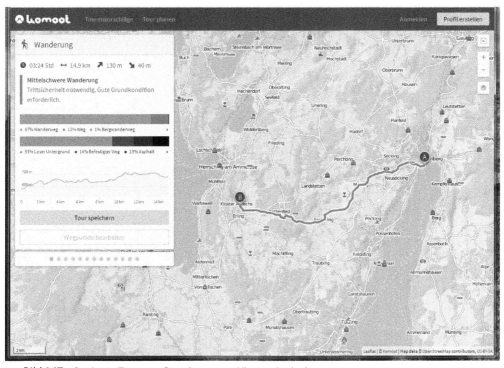

Bild 1.17: Geplante Tour von Starnberg zum Kloster Andechs

Nach der Anmeldung mit Benutzernamen, E-Mail-Adresse und Passwort kann die Tour gespeichert werden. Auf der jetzt vergrößerten Karte zeigt ein Klick auf den Weg die zurückgelegte Wegstrecke, die Zeit und die Höhenmeter an. Vor allem können jetzt die Tourdaten gedruckt werden, und auch die GPX-Datei (*) kann heruntergeladen werden.

Apps
Die gespeicherten Touren stehen auch auf einem Smartphone oder Tablet zur Verfügung, wenn dort die komoot-App installiert ist.

Nach der Anmeldung meldet sich komoot regelmäßig mit neuen Tipps. Natürlich soll auch die Pro-Version erworben werden.

Bild 1.18: Regelmäßige Tipps von komoot

Verkehrskarte

 Diese Karte zeigt spezielle Informationen für den öffentlichen Verkehr. Das sind insbesondere die Linienpläne für Bahn, S-, U- und Straßenbahn und Buslinien mit Nummern und Haltestellen. Die Karte steht im Ausklappmenü der Standardkarte zur Verfügung.

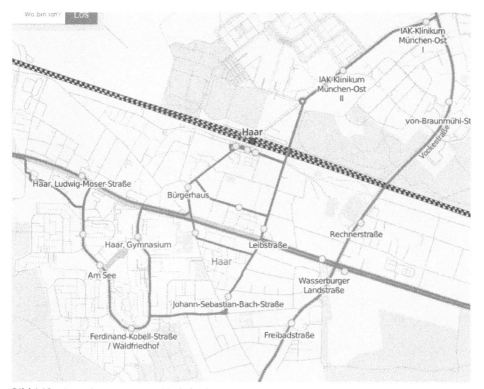

Bild 1.19: Ausschnitt aus einer Verkehrskarte

1 Der Kartendienst OpenStreetMap

Öffentlicher Verkehr

Die ÖPNV-Karte (www.öpnvkarte.de) enthält alle öffentlichen Verkehrsmittel einschließlich aller Haltestellen. Die Legende zeigt alle Elemente, die in der ausgewählten Ansicht sichtbar sind. Ein Klick auf eine Haltestelle blendet Informationen zu diesem Punkt und die möglichen Verkehrsverbindungen von dort aus ein.

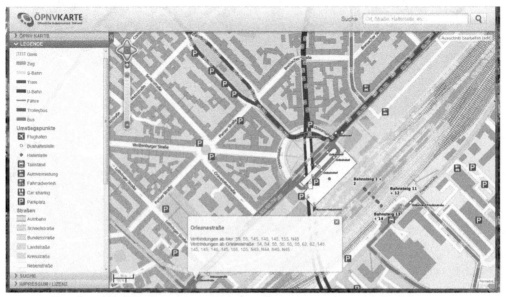

Bild 1.20: ÖPNV-Karte mit Legende und Zusatzinformationen

Nach Anmeldung bei OSM kann der gezeigte Kartenausschnitt direkt mit dem Editor iD bearbeitet werden.

Eisenbahnkarte

Diese Karte ist etwas für Eisenbahnfans. Sie ist unter www.openrailwaymap.org zu erreichen. Neben Eisenbahnstrecken (DB und nicht bundeseigene Bahnen) werden auch S-, U- und Straßenbahnen gezeigt. Das Kartenbild kann umgeschaltet werden auf die Anzeige der Infrastruktur, der zugelassenen Höchstgeschwindigkeiten und die Signale und Sicherungssysteme. Die Karte weist leider noch viele Lücken auf. Zur Bearbeitung bietet sie ein weites Feld.

Zum Editieren der Eisenbahnkarte ist kein spezieller Editor erforderlich. Gut geeignet ist zum Beispiel der Editor JOSM, der auf die normale OSM-Karte angewendet wird. Für das Gebiet des Eisenbahnwesens sind jedoch häufig besondere Kenntnisse erforderlich. Jeder Mapper sollte deshalb unbedingt die Seiten wiki.openstreetmap.org/wiki/DE:OpenRailwayMap/ und wiki.openstreetmap.org/wiki/DE:OpenRailwayMap/Tagging_in_Germany beachten.

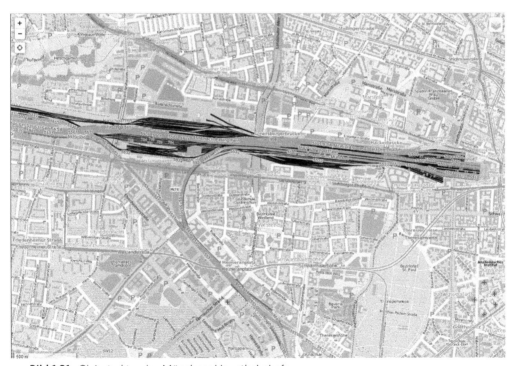

Bild 1.21: Gleisstruktur des Münchner Hauptbahnhofs

> **Sicherheit**
> Außerhalb von Bahnhöfen ist das Bahngelände meist nicht öffentlich zugänglich. Achten Sie beim Mappen deshalb auf Ihre Sicherheit und betreten Sie Bahngelände nur an öffentlich zugänglichen Stellen.

Seekarte

  Verkehr findet nicht nur zu Lande, sondern auch auf dem Wasser statt. Innerhalb von OSM wurde deshalb 2009 ein Projekt gestartet, um auch Karten für Flüsse, Seen, Häfen und Meere erstellen zu können. Das Ergebnis ist auf `map.openseamap.org` zu sehen. Gezeigt werden Leuchttürme, Seezeichen, Hafenanlagen, Pegelstände und Wassertiefen (seit 2014 auch im Flachwasserbereich).

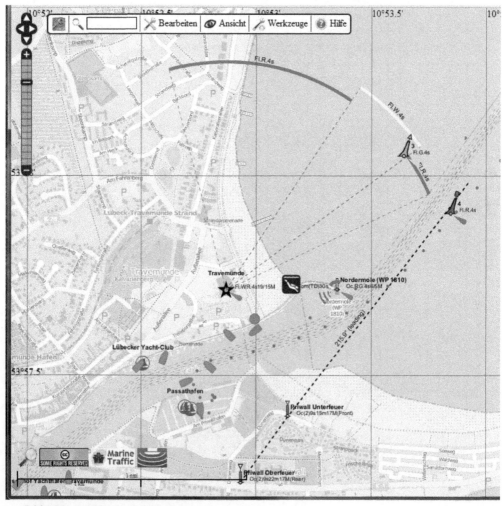

Bild 1.22: Ausschnitt einer Seekarte

Basis ist auch hier wieder die OSM-Datenbank. Die Karte wird noch aus anderen Quellen angereichert: Die Wasser- und Schifffahrtsverwaltung des Bundes liefert etwa die Pegelstände und Binnenwasserstraßen-Daten; die Schiffstracking-Daten stammen von Intermar. Weitere Organisationen und Spender liefern spezielle Daten.

Wie bei der Eisenbahn ist auch für die Seekarte kein spezieller Editor erforderlich. JOSM ist bestens geeignet. Da hier aber nautische Kenntnisse dringend erforderlich sind, sollte jeder, der sich an die Bearbeitung macht, unbedingt die Seite `wiki.openstreetmap.org/wiki/DE:Seekarte` beherzigen.

Freie Tonne

  Unter `www.freietonne.de/seekarte` gibt es eine weitere Seekarte. Gegenüber der vorhergehenden Karte ist der Detaillierungsgrad etwas geringer. Dafür können Entfernungen gemessen werden. Ein Winkelmesser kann ebenfalls eingeblendet werden. Im folgenden Bild ist er in der unteren Bildmitte zu sehen.

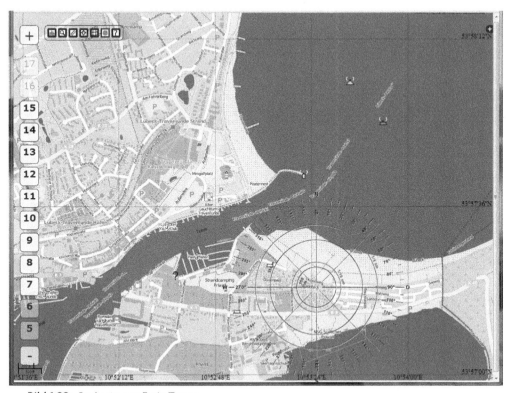

Bild 1.23: Seekarte von Freie Tonne

Öffnungszeiten

 Wann hat ein Supermarkt geöffnet? Die Seite `openingh.openstreetmap.de` hilft weiter. Es werden Geschäfte mit ihren Öffnungszeiten angezeigt. Im unteren Teil des Fensters können Sprachen und Filter ausgewählt werden. Neben den Öffnungszeiten von Geschäften ist auch die Anzeige der Leerungszeiten von Briefkästen möglich. Die Anzeige erfolgt immer zeitgenau: grün = geöffnet, gelb = unsicher, rot = geschlossen.

Für jeden Kreis wird in einem Fenster der Öffnungsstatus angezeigt und angegeben, ab wann geöffnet bzw. geschlossen ist. Zusätzlich sehen Sie noch den Wochenplan und die in OSM gespeicherten Tags. In der letzten Zeile des Fensters kann der angezeigte Kartenausschnitt direkt in iD, Potlatch oder JOSM zum Bearbeiten geladen werden.

Bild 1.24: Öffnungszeiten in der Münchner Innenstadt

1.3 Spezialkarten

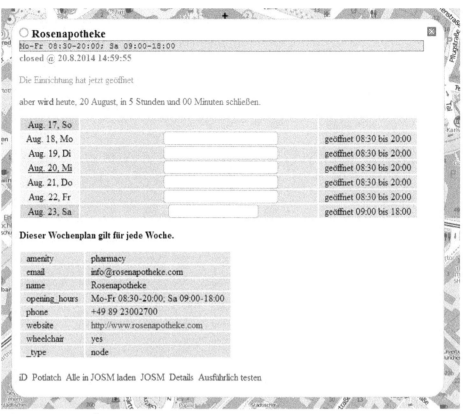

Bild 1.25: Genaue Öffnungszeiten

Die Seite hat leider auch zwei Nachteile: Es fehlt eine Suchfunktion, und beim Ändern der Filter springt die Anzeige immer auf Hamburg. Wer die Seite häufiger braucht, sollte deshalb den Permalink (*) rechts unten verwenden.

Gastronomie

Unter www.opengastromap.de ist eine spezielle Gastronomiekarte zu finden. Der Restauranttyp ist durch die Landesflagge gekennzeichnet. Ab einer Zoomstufe von 15 wird auch die Art der Küche (Pizzeria usw.) gezeigt. Weitere Informationen wie Raucher- und Rollstuhleignung können eingeblendet werden. Für die Schweiz gibt es eine eigene Version: www.gastromap.ch.

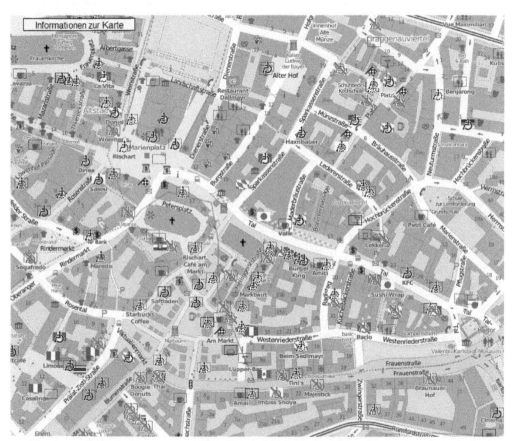
Bild 1.26: Ausschnitt München-Innenstadt mit Gastronomie-Angeboten

1.3 Spezialkarten

Straßenbeschränkungen

Besonders für den Güterverkehr sind Beschränkungen im Straßenverlauf wichtig. Die Karte maxheight.bplaced.net/overpass/map.html zeigt die Beschränkungen maximale Geschwindigkeit, Höhe und Breite. In der *Layerauswahl* können die Arten der Beschränkungen ausgewählt werden. Über das Menü *Simulation* können die gewünschte Fahrzeughöhe und das Gewicht eingestellt werden. Mit diesen Einschränkungen sind blau dargestellte Straßen befahrbar, rot dargestellte Straßen sind nicht befahrbar. Ein Klick auf ein Merkmal zeigt die vollständige Beschreibung.

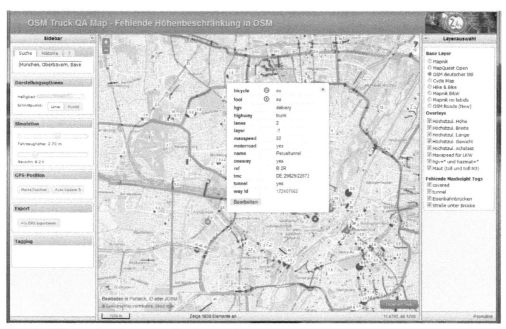

Bild 1.27: Beschränkungen im Straßenverkehr

1 Der Kartendienst OpenStreetMap

Park-Karte

Hier handelt es sich nicht um eine Karte mit öffentlichen Grünflächen, sondern um eine Spezialkarte für Autofahrer (parking.openstreetmap.de). Parkplätze werden farbig markiert nach den Kriterien frei, mit Parkscheibe oder mit Automat. Ebenso wird nach Kundenparkplätzen und privaten Parkplätzen unterschieden. Als Besonderheit sind Straßen mit Halte- bzw. Parkverboten gekennzeichnet. Ein Klick auf ein Icon zeigt eine mögliche Beschränkung an.

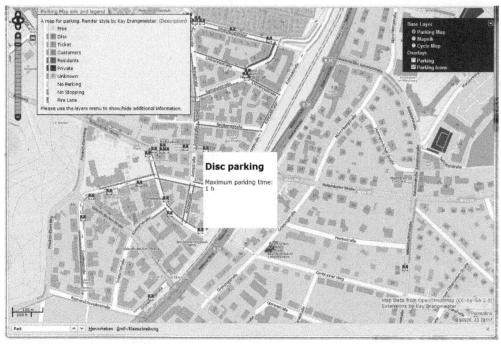

Bild 1.28: Parkmöglichkeiten und Verbote

Um eine bessere Darstellung zu erzielen, sollte im rechten Menü auf den Layer *Mapnik* umgeschaltet werden.

Geofabrik-Tools

Mit der Darstellung von Geofabrik-Tools (tools.geofabrik.de/mc) können Sie auf einem Bildschirm gleichzeitig verschiedene Kartendarstellungen ansehen. Alle Ausschnitte werden parallel gezoomt und bewegt. 21 verschiedene Auswahlmöglichkeiten und bis zu acht parallele Darstellungen stehen zur Verfügung.

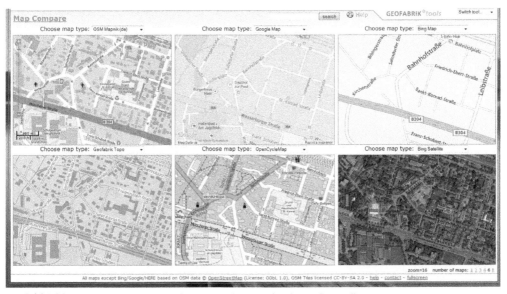

Bild 1.29: Derselbe Kartenausschnitt in sechs verschiedenen Darstellungen

Feuerwehrkarte

Für Feuerwehren werden die Standorte von Hydranten und Entnahmestellen von Löschwasser angezeigt. Die Feuerwehrkarte finden Sie unter www.openfiremap.org.

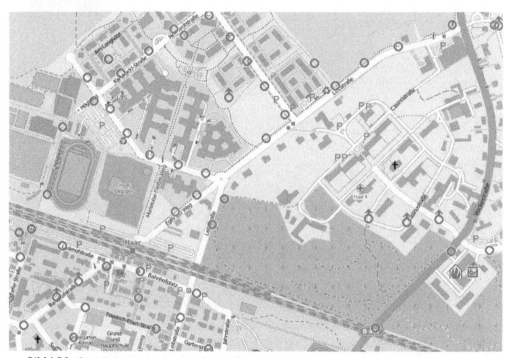

Bild 1.30: Standorte von Hydranten für die Feuerwehr

Zur Bearbeitung der Karte ist natürlich JOSM geeignet, besser geht es aber mit www.osmhydrant.org/de. Siehe dazu Kapitel 4.8.

IconMap

Die Darstellungsform von www.iconmap.de zeigt für den ausgewählten Ausschnitt alle Points of Interest (POI) (*). Im Auswahl-Button rechts oben können Gruppen zu- oder abgeschaltet werden.

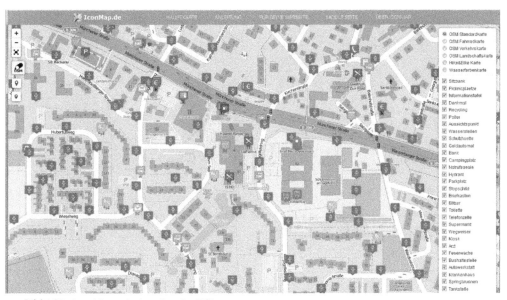

Bild 1.31: IconMap mit Anzeige der POI

Eine nette Spielerei ist die Wasserfarbenkarte. Auf ihr bleiben die Icons erhalten, aber die eigentliche Karte sieht aus wie ein künstlerisch bearbeitetes Aquarell.

1 Der Kartendienst OpenStreetMap

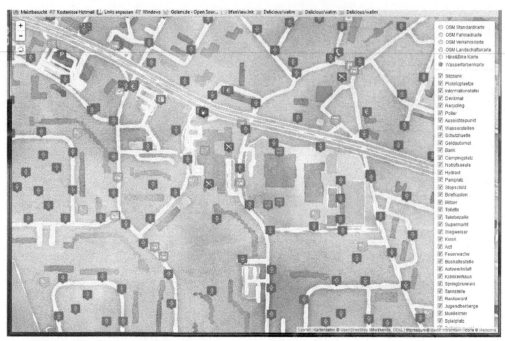

Bild 1.32: Wasserfarbenkarte bei IconMap

> **Ausschnitt verschieben**
> Der über den Suchen-Befehl eingestellte Ausschnitt kann nicht mehr verschoben werden. Das ist nur über die mobile Seite möglich.

Rollstuhlkarte

Für Rollstuhlfahrer ist eine besondere Karte unter wheelmap.org/map verfügbar. Für dort auswählbare Kategorien wird farbig die Rollstuhlgängigkeit angezeigt. Unter www.rollstuhlkarte.ch ist eine ausführliche Rollstuhlkarte der Schweiz zu finden. Die Pop-up-Fenster enthalten hier zusätzliche Informationen, zum Beispiel Fahrpläne.

Angaben zur Rollstuhlgängigkeit können direkt und ohne Anmeldung geändert werden. Um weitere Änderungen vornehmen zu können, sind ein Zugang über OSM und ein Extra-Zugang für wheelmap erforderlich.

Bild 1.33: Zugangsmöglichkeiten für Rollstuhlfahrer

1 Der Kartendienst OpenStreetMap

Rollstuhlrouting

Für viele Rollstuhlfahrer ist es schwierig, ihr Ziel in einer fremden Stadt komfortabel zu erreichen. Hier bietet Rollstuhlrouting www.rollstuhlrouting.de/routenplaner.html den maßgeschneiderten Routenplaner. Per Rechtsklick in die Karte können Start- und Zielpunkt sehr schnell festgelegt werden. Wahlweise ist auch die Berechnung für Elektrorollstühle möglich. Dabei wird die Route je nach Verbrauch (Ah/km) angepasst. Weil auch die maximale Steigung, die Oberflächenbeschaffenheit und die maximale Bordsteinhöhe einstellbar sind, ist dieser Routenplaner auch ideal für Reisen mit Kinderwagen.

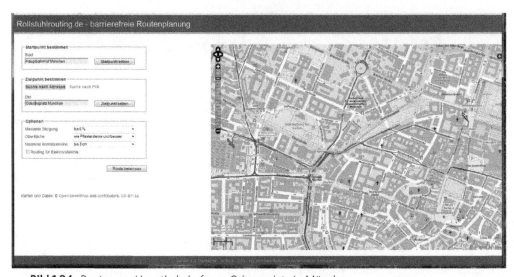

Bild 1.34: Route vom Hauptbahnhof zum Odeonsplatz in München

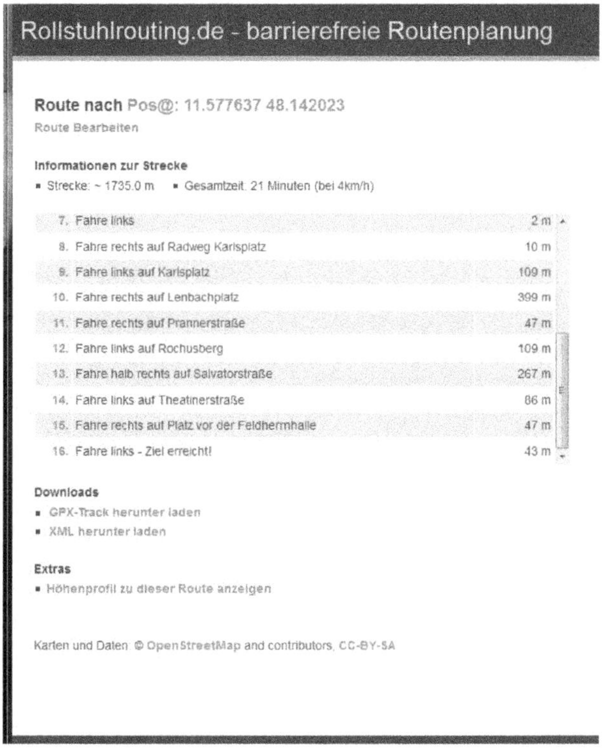

1.3 Spezialkarten

Rollstuhlrouting.de - barrierefreie Routenplanung

Route nach Pos@: 11.577637 48.142023
Route Bearbeiten

Informationen zur Strecke
- Strecke: ~ 1735.0 m
- Gesamtzeit: 21 Minuten (bei 4km/h)

7.	Fahre links	2 m
8.	Fahre rechts auf Radweg Karlsplatz	10 m
9.	Fahre links auf Karlsplatz	109 m
10.	Fahre rechts auf Lenbachplatz	399 m
11.	Fahre rechts auf Prannerstraße	47 m
12.	Fahre links auf Rochusberg	109 m
13.	Fahre halb rechts auf Salvatorstraße	267 m
14.	Fahre links auf Theatinerstraße	86 m
15.	Fahre rechts auf Platz vor der Feldherrnhalle	47 m
16.	Fahre links - Ziel erreicht!	43 m

Downloads
- GPX-Track herunter laden
- XML herunter laden

Extras
- Höhenprofil zu dieser Route anzeigen

Karten und Daten: © OpenStreetMap and contributors, CC-BY-SA

Bild 1.35: Routenanzeige

1 Der Kartendienst OpenStreetMap

Mauerkarte

 Auf dieser Karte (mauerkarte.de) wird der Verlauf der ehemaligen innerdeutschen Grenze und der Berliner Mauer nachgezeichnet. Markierungen der Grenzübergänge, Fluchtversuche, Maueropfer und Mauermuseen liefern Kurzinformationen und per Link weiterführende Informationen.

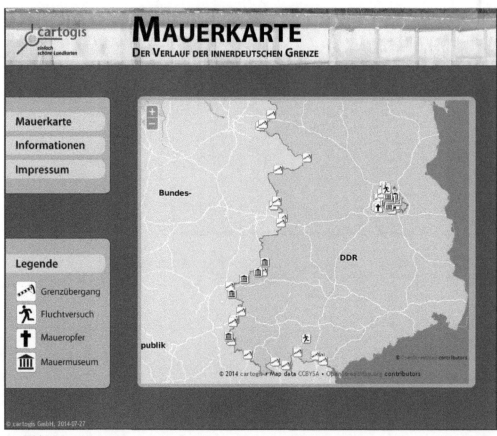

Bild 1.36: Mauerkarte

OpenLinkMap

Hier sind alle Punkte aus OSM zu sehen, falls sie in der Beschreibung als Tag einen Link, Öffnungszeiten oder eine Telefonnummer haben (www.openlinkmap.org). Links zu Wikipedia enthalten meistens ein Bild.

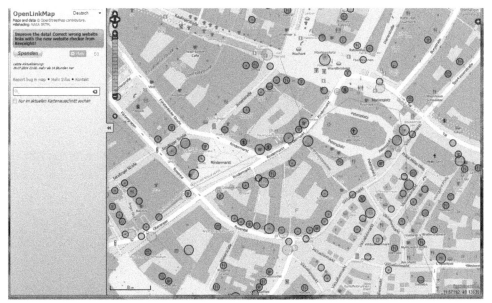

Bild 1.37: Links in der Innenstadt von München

Ein Klick auf einen Punkt öffnet ein Fenster mit vielen Informationen und den direkten Weiterleitungen.

Bild 1.38: Fenster zu einem Link

Das Menü *Mehr Infos* schlüsselt die Kurzinformationen weiter auf, zum Beispiel um die Angabe von Parkplätzen und die Erreichbarkeit im öffentlichen Verkehr. Die Menüs *iD* und *JOSM* öffnen den ausgewählten Punkt direkt im Editor. *Potlatch* öffnet nur die dargestellte Umgebung. Die Schaltfläche *Details* zeigt die in der OSM-Datenbank gespeicherten Inhalte und Tags. Mit *HTML-Code* schließlich wird ein Code-Schnipsel generiert, mit dem ein vergrößerter Kartenausschnitt in eine Webseite kopiert werden kann.

Bild 1.39: Zusatzinformationen bei OpenLink

OpenStreetBrowser

  Auf der Seite www.openstreetbrowser.org können auf der Basis der OSM-Karte Eigenschaften von verschiedenen Kategorien ausgewählt und angezeigt werden. Die linke Seitenleiste bietet eine grobe Übersicht. Mit einem Klick wird die Auswahl verfeinert. Dann schließlich werden alle Punkte dieser Kategorie aufgelistet und in der Karte markiert.

Ein Klick in der Auswahlliste zeigt die Informationen zu einem ausgewählten Punkt. Die Anzeige erfolgt wahlweise in Klartext oder in der OSM-Notation. Dabei wird gleichzeitig die Kartenanzeige auf diesen Punkt zentriert.

Ein Klick auf den Punkt in der Karte liefert bei *Was ist hier?* entweder Zusatzinformationen oder der Punkt wird als Teil der Routenplanung festgelegt.

1.3 Spezialkarten

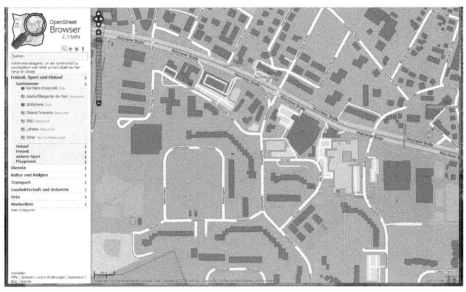

Bild 1.40: Einstiegsseite des Browsers

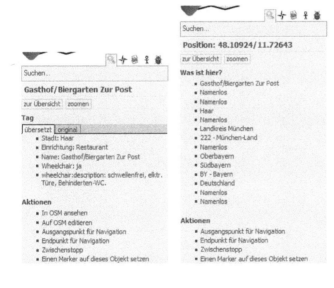

Bild 1.41: Informationen aus der Seitenleiste (links) und aus der Karte (rechts)

Bei den Aktionen können die Tags des Punktes in *OSM* angesehen werden. *Auf OSM editieren* lädt den ausgewählten Kartenausschnitt, um ihn im *iD* zu bearbeiten.

> **Aktualität**
> Bitte achten Sie darauf, dass die OSM-Daten auf dieser Karte möglicherweise nicht aktuell sind. Außerdem sind selbst bei einer schnellen Internetverbindung längere Ladezeiten zu erwarten.

1 Der Kartendienst OpenStreetMap

MapQuest-Routenplaner

Bild 1.42: MapQuest für Android (links) und iPhone (rechts)

Natürlich bietet OpenStreetMap dem Reisenden nicht nur statische Karten, sondern auch Routenplaner. MapQuest (open.mapquest.de) besitzt einen Routenplaner für Autos, Radfahrer und Wanderer.

Im folgenden Bild ist eine Autoroute berechnet. Die blaue Route stellt die schnellste Verbindung dar. Wenn man mit dem Cursor über die zweite Verbindung streicht, wird alternativ die kürzeste Verbindung angezeigt. Um die Route individuell anzupassen, kann die Route mit der Maus verschoben werden.

Selbstverständlich kann die Karte auch ausgedruckt werden, wahlweise zusammen mit der Beschreibung. Zusätzliche persönliche Bemerkungen können ebenfalls mit ausgedruckt werden . Außerdem lässt sich die Karte per E-Mail oder Facebook versenden oder direkt auf ein GPS-Gerät laden.

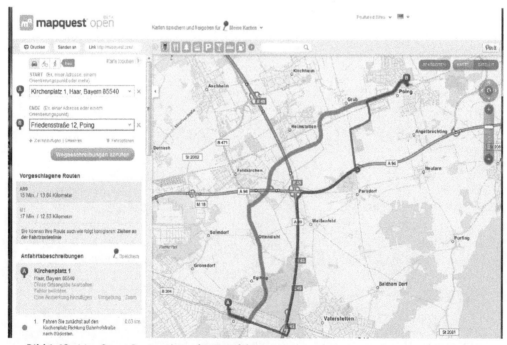

Bild 1.43: MapQuest Routenplaner für Autofahrer

1.3 Spezialkarten

Unten ist die gleiche Route für Radfahrer abgebildet. Zusätzlich können hier die Straßenart und das Maß der Steigungen ausgewählt werden.

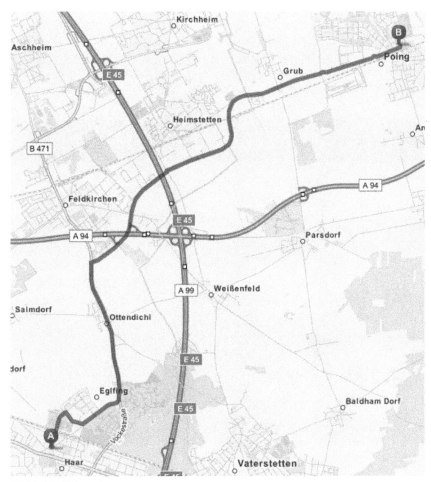

Bild 1.44: Fahrradkarte

OpenRouteService

Mit dem OpenRouteService (openrouteservice.org) gibt es von OSM einen weiteren schönen Routenplaner. Die Start- und Zieladressen können wie üblich im Fenster angegeben werden. Die Karte wird dann auf diese Orte positioniert. Alternativ können die Orte auch sehr bequem mit einem Rechtsklick auf die Karte gesetzt werden. Auch Unterwegspunkte können so gesetzt werden.

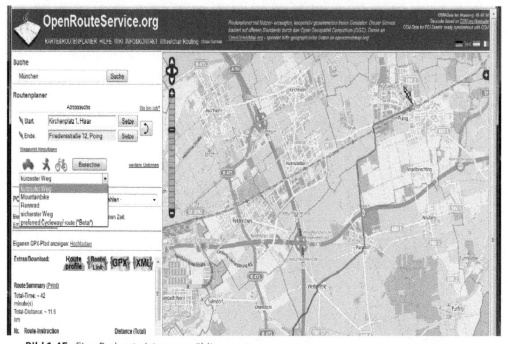

Bild 1.45: Eine Radroute ist ausgewählt.

Mit einem Klick auf die Routenbeschreibung wird der Routenpunkt auf der Karte markiert. Praktischerweise können für das Fahrrad mehrere Optionen ausgewählt werden. Deshalb fallen die vorgeschlagenen Routen sehr genau aus.

OSM-Routing-Service

Mit yournavigation yournavigation.org liefert OSM einen weiteren Routenplaner. Als Besonderheit bietet er eine reiche Auswahl an Fortbewegungsarten. Neben Auto, Fahrrad und Fußgänger gibt es auch die Auswahlmöglichkeit Güterverkehr, Schwerlastverkehr, Mofa und Moped. Die Linienführung wird sehr sorgfältig ausgewählt.

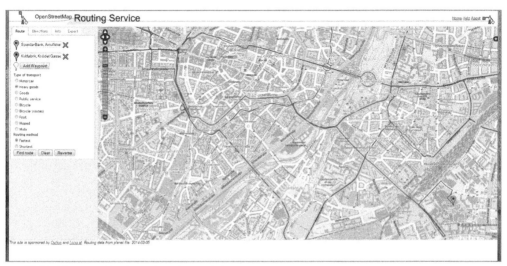

Bild 1.46: Route für den Schwerlastverkehr

OpenCellID

Die Spezialkarte opencellid.org zeigt die Standorte der Basisstationen für das Handynetz. Wenn das Zoom für die detaillierte Darstellung nicht ausreicht, erscheinen die Stationen zu Clustern zusammengefasst. Bei weiterer Vergrößerung werden sie dann in Einzeldarstellungen aufgelöst. Die rechts oben einblendbare Legende zeigt über die Farbe die Zugehörigkeit zu den einzelnen Netzbetreibern.

Beim Klick auf eine einzelne Basisstation werden wichtige Angaben eingeblendet:

- Land: MCC = 262 = Deutschland
- Betreiber: MNC = 02 = Vodafone
- Standort: LAC = 821 = München
- cell ID: Zellennummer, weltweit eindeutig

1 Der Kartendienst OpenStreetMap

- Koordinaten in Dezimalgrad
- Anzahl der Messungen

Die ersten drei Angaben können über das Internet noch aus Tabellen ermittelt werden. Die Zellennummer lässt sich nicht so ohne Weiteres ermitteln. Sie kann auch nicht einfach aus dem Handy ausgelesen werden. Für Software-Entwickler ist sie unter Umständen wichtig.

Die geraden Linien, ausgehend vom Standort zu einem Kreis, zeigen die Messungen zur Peilung des Standorts.

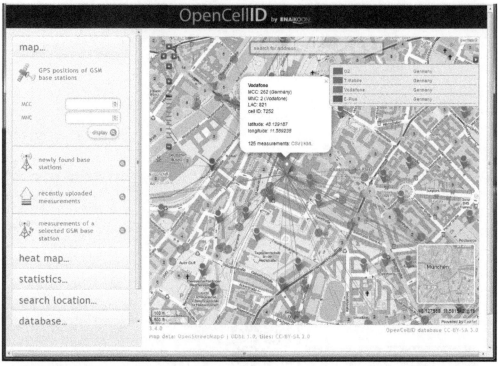

Bild 1.47: Standorte der Mobilfunk-Basisstationen

Wie immer bei OSM ist jeder Mapper aufgerufen, die Informationen zur Karte ständig zu verbessern und zu aktualisieren. Wie das geht, ist im Kapitel 5.3 »OpenCellID« nachzulesen.

Weitere Karten

Eine ausführliche Liste mit einer Vielzahl von weiteren Karten, die OSM-Daten nutzen, ist unter `wiki.openstreetmap.org/wiki/DE:List_of_OSM_based_Services` zu finden. Bitte beachten Sie in der dortigen Tabelle die vorletzte Spalte. Sie gibt Aufschluss darüber, ob die Karte frei verfügbar ist und damit der Open Data Commons Open Database Lizenz unterliegt.

1.4 Hilfe für den Anwender

OSM bietet dem Nutzer wie auch dem Kartenbearbeiter eine ausführliche Hilfe an. Diese ist jedoch nicht wie in gängigen Anwenderprogrammen aufgebaut. Ähnlich wie das bekannte Onlinelexikon Wikipedia ist die OSM-Hilfe ein komplettes Nachschlagewerk. Die deutsche Wiki-Seite ist unter `wiki.openstreetmap.org/wiki/DE:Hauptseite` zu finden.

1.5 Fehlerhinweise ohne Anmeldung

Beim Arbeiten mit der Karte werden Ihnen Abweichungen zwischen dem Kartenbild und den realen Gegebenheiten auffallen. Ein Beispiel: ein verzeichneter Briefkasten ist von der Deutschen Post inzwischen abgebaut worden. Sie möchten auf diese Unstimmigkeit hinweisen, wollen sich aber nicht als Bearbeiter bei OSM anmelden.

Hier gibt es eine schnelle Möglichkeit, auf den Fehler hinzuweisen. Am oberen Bildrand befindet sich neben dem grünen Feld *Karte bearbeiten*, das rote Feld *Fehler melden*. Nach einem Klick auf dieses rote Feld erscheint eine Eingabemaske für eine Fehlerbeschreibung.

1 Der Kartendienst OpenStreetMap

Bild 1.48: Eingabemaske für Fehler auf der Karte

Mit der Maus sollte auf den Fehler hingewiesen und dieser möglichst genau beschrieben werden. Nachdem die Meldung abgeschickt ist, erhalten Sie eine Quittung mit dem Kartenausschnitt und dem markierten Fehler.

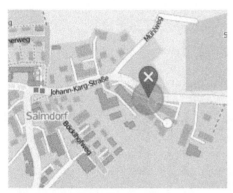

Bild 1.49: Der Fehler auf der Karte ist markiert.

Nun ist es natürlich wichtig, dass der erkannte Fehler auch behoben wird. Zusammen mit der Fehlermeldung wird daher mit dem Objekt ein sogenannter Änderungssatz in der OSM-Datenbank gespeichert. Diese Änderungssätze werden intern als *Notes* bezeichnet. In der Kartenansicht führt das Menü *Chronik* zu diesen Änderungen. Dabei werden im linken Fenster die aktuellsten Änderungen in zeitlicher Reihenfolge angezeigt. Im eigentlichen Kartenfeld sind alle noch nicht erledigten Änderungen orange markiert, die im betreffenden Kartenausschnitt liegen. Die bereits erledigten Meldungen erscheinen grün und sind mit einem Häkchen versehen.

1.5 Fehlerhinweise ohne Anmeldung

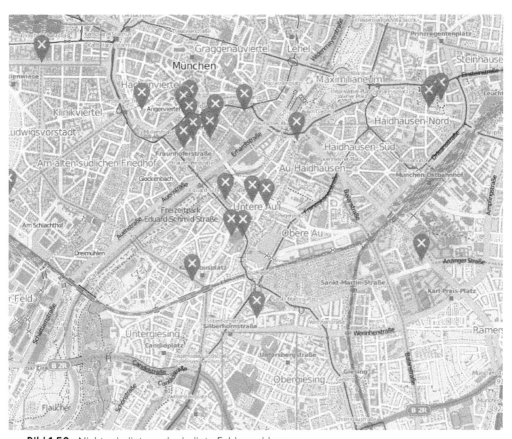

Bild 1.50: Nicht erledigte und erledigte Fehlermeldungen

Jeder Anwender ist aufgerufen, Änderungen zu bearbeiten und nach Möglichkeit richtigzustellen. Nach der erfolgten Korrektur wird der Fehler als behoben markiert.

1.6 Anmeldung zum Änderungssystem

Bevor Änderungen am Kartenwerk durchgeführt werden können, ist eine Anmeldung notwendig. Ein Klick auf den *Karte bearbeiten*-Button auf der Seite `openstreetmap.de/karte.html` führt zur Anmeldeseite. Vor der ersten Anmeldung steht die Registrierung die über *Du hast noch kein Benutzerkonto Jetzt registrieren* zugänglich ist. Erforderlich sind nur eine E-Mail-Adresse (nicht öffentlich sichtbar), ein Benutzername (öffentlich sichtbar) und ein Passwort.

Bild 1.51: So einfach ist die Anmeldung.

Die E-Mail-Adresse ist zwar nicht öffentlich sichtbar, aber über die OSM-Seite kann ein angemeldeter Nutzer eine Nachricht senden.

Von OSM kommt nun noch eine Bestätigungsmail mit einem Link, der zur Bestätigung dient. Jeder neue Nutzer sollte jetzt auf der Karte seinen Wohnort markieren. So werden anderen Nutzern die Nutzer in der Umgebung angezeigt.

1.7 Quellen von Änderungen

Eigeninitiative ist gefragt!
Jeder Nutzer von OSM ist ausdrücklich dazu aufgefordert, die Karte ständig zu verbessern. Dazu gehören nicht nur Fehlerkorrekturen, sondern auch das Hinzufügen neuer, noch nicht veröffentlichter Inhalte. Bitte tragen Sie dazu bei, OpenStreetMap aktuell zu halten und immer weiter zu verbessern.

Woher stammen die Informationen für Änderungen?

Eigene Erfahrungen

Das Wichtigste sind eigene Erfahrungen. Sie sind unterwegs zu Fuß, mit dem Fahrrad, dem Auto oder mit öffentlichen Verkehrsmitteln. Dann halten Sie die Augen offen und vergleichen Sie die realen Gegebenheiten mit der OSM-Karte. Folgende Beispiele sollen eine Anregung geben:

- Stimmen Lage und Größe der Gebäude?
- Ist die Straße oder der Weg richtig benannt und stimmt der Belag?
- Sind wichtige Punkte (Points of Interest = POI) richtig vermerkt (Museen, Denkmäler, Restaurants mit Küche, Öffnungszeiten und Telefon)?

Das OSM-Wiki nennt unter `wiki.openstreetmap.org/wiki/DE:Tipps_und_Tricks` viele Tricks und Tipps für ein erfolgreiches Kartografieren.

Quellen aus der Community

An vielen Orten gibt es Vereinigungen von Enthusiasten, die sich der Weiterentwicklung von OSM verschrieben haben. Auf der Karte sind sie mit einem runden Logo gekennzeichnet.

Näheres dazu finden Sie im Kapitel 8 »Community«.

Offizielle Quellen

Die Vermessungsämter, Gemeinde- und Stadtverwaltungen besitzen einen großen Fundus an exzellenten Kartendaten. Um diese Quellen zu erschließen, ist persönliches Engagement erforderlich. Weitere Quellen sind Branchenverzeichnisse und andere Veröffentlichungen. Auch andere Kartendienste können Informationen liefern.

> **Ganz wichtig!**
> Bei allen Eintragungen müssen Sie dringend Privatsphäre, Datenschutz und Urheberrechte beachten. Diese dürfen keinesfalls verletzt werden.

1.8 Ziel von Änderungen

Was soll auf einer OSM-Karte vorhanden sein? Dafür gibt es eine einfache Regel: Wenn Sie in einer Karte eine Information suchen, aber nicht finden, dann ist sie wert, eingetragen zu werden. Dazu gehören sicher Gelände, Gebäude, Straßen (mit Oberflächenqualität) und Hausnummern, wichtige Punkte (Bahnhöfe, Restaurants usw.), Verkehrslinien und Haltestellen, Zugangsmöglichkeit für Rollstühle und vieles mehr.

Das Ziel ist in jedem Fall die Eintragung in die OSM-Datenbank. Die erhobenen Daten werden mit einem geeigneten Editor zunächst offline erfasst und dann zum Server hochgeladen. Im Kapitel 3 »Bearbeiten« wird das Bearbeiten am Beispiel des häufig verwendeten Editors JOSM beschrieben. Je nach persönlicher Vorliebe können auch andere Editoren verwendet werden. Siehe Kapitel 4 »Editoren«.

1.9 Equipment

Für die Bearbeitung einer OSM-Karte ist die technische Ausstattung von recht geringer Bedeutung.

PC und Monitor

An die Hardwareausstattung des PC werden keine besonderen Anforderungen gestellt. Als Betriebssystem sind Windows ab Version 7 und Linux gleichermaßen geeignet. Ein Internetzugang und ein aktueller Browser (Internet Explorer, Firefox, Chrome o. Ä.) sind allerdings Voraussetzung.

Für die Ausstattung des Farbmonitors sind ausschließlich persönliche Vorlieben ausschlaggebend. Hier gilt nur eine Regel: Je größer und je höher die Auflösung, desto besser lässt sich ein Kartenausschnitt bearbeiten.

Laptop und Tablets

Für die Ausstattung gilt sinngemäß das im Abschnitt »PC und Monitor« Beschriebene. Allerdings müssen bei der Bildschirmgröße je nach Ausstattung Einschränkungen in Kauf genommen werden. Als Betriebssystem sind sowohl Windows als auch Android und Linux geeignet. Bei einigen Editoren können sich allerdings bei Windows RT Probleme ergeben, besonders bei Java-Unterstützung (zum Beispiel JOSM). Auch bei Android-Tablets können bei den Editoren im Browser Schwierigkeiten auftreten.

Als wichtiger Vorteil gegenüber dem Standard-PC ist zu nennen, dass viele Laptops und die meisten Tablets bereits eine GPS-Positionierung besitzen. Das ist wichtig für Kartierungen »im Feld«.

GPS-Geräte

Für das Arbeiten mit OSM ist ein GPS-Gerät nicht erforderlich. In vieler Hinsicht kann es aber die Bearbeitung vereinfachen oder verbessern. Ohne ein bestimmtes Gerät oder eine Marke zu bevorzugen, sollten aber folgende Eigenschaften vorhanden sein:

- Routenaufzeichnung
- Verbindung zu einem PC
- lange Akku-Laufzeit
- geringes Gewicht

Auch ein Fotoapparat mit GPS-Anbindung zählt zu den GPS-Geräten. Die Koordinaten des aufgenommenen Bildes werden dabei mit den Bilddaten gespeichert und können so auch auf den PC übertragen werden.

Smartphones

> **Eines vorab:**
> Das perfekte Smartphone oder Tablet für die Outdoor-Navigation gibt es nicht!

Die technische Ausstattung bleibt den persönlichen Vorlieben und vor allem den finanziellen Gegebenheiten überlassen. Wünschenswert für eine gute Kartendarstellung und Navigation wären folgende Eigenschaften:

- großes Display, mindestens 3,7 Zoll
- Bildschirm auch im direkten Sonnenlicht ablesbar, mit gutem Kontrast und nicht spiegelnd, aber kratzfest
- Gerät leicht, stoßfest und wassergeschützt
- Batteriekapazität für mind. fünf Stunden im Gelände
- gute Fotokamera mit GPS-Unterstützung

Damit ist eigentlich schon alles gesagt. Wichtig sind noch gute Augen und zarte Finger, um die kleinen Geräte bedienen zu können. Das lässt sich aber mit einiger Übung bewerkstelligen.

Nicht technische Ausrüstung

Es klingt fast trivial: Aber ein wacher Blick auf die Realität ist von unschätzbarem Vorteil. Was das Kartieren betrifft, ist das menschliche Auge in vielen Fällen hilfreicher als jede technische Ausrüstung. Papier und Bleistift gelten so gesehen als nicht technisch.

1.10 Arbeiten mit der Karte

Neben der Bearbeitung und der Aktualisierung sollen die Karten aber vor allem genutzt werden. Am heimischen Bildschirm ist das ganz angenehm, aber nicht immer ausreichend. Die Nutzung auf dem Tablet oder Smartphone ist im Kapitel 6 »Spezielles für Tablets und Smartphones« beschrieben. Gelegentlich möchte man aber auch einem Partner eine Ansicht oder einen Ausschnitt mitteilen oder auf Papier ausdrucken. Wie das geht, erfahren Sie nun. Zunächst folgt die Beschreibung der Vorgehensweise bei der Standardkarte von OSM.

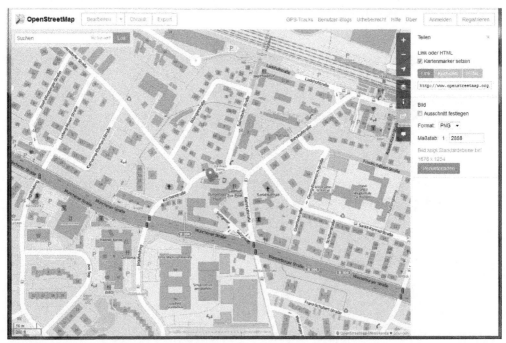

Bild 1.52: Standardkarte mit *Teilen*-Menü

Teilen von OpenStreetMap

Am rechten Kartenrand finden Sie das Menü *Teilen*, das sich immer auf die gewählte Kartenansicht bezieht.

Bild 1.53: Das Menü *Teilen*

Der obere Abschnitt *Link oder HTML* betrifft die elektronische Kommunikation. Im blauen Auswahlfeld gibt es drei Möglichkeiten. Das Ergebnis wird direkt darunter angezeigt.

- **Link**: In der Ergebniszeile steht ein vollständiger Link. Eingefügt in die Adresszeile eines Browsers wird genau die ausgewählte Ansicht angezeigt.
- **Kurz-URL**: Die gleiche Funktion wie beim Link, nur dass dieser in Kurzform angezeigt wird.
- **HTML**: Hier wird kein Link, sondern ein vollständiger HTML-Code erzeugt. Er kann ohne Änderungen in eine vorhandene Webseite eingebaut werden. Die Seite zeigt dann an der eingefügten Stelle die gewählte Kartenansicht. Sie kann skaliert und auch verschoben werden.

Im unteren Abschnitt *Bild* wird ein Abbild der Kartenansicht erzeugt.

Zur Auswahl stehen die Bildformate PNG, JPEG und SVG (*). Außerdem kann ein PDF-Dokument erzeugt werden. Auf Wunsch kann aus der Bildschirmansicht noch ein Ausschnitt festgelegt oder der Maßstab verändert werden.

In alle Darstellungen kann ein Kartenmarker gesetzt werden. Er platziert sich immer in die Bildschirmmitte und wird auch in die Links und Bilder übernommen.

Teilen anderer Karten

Viele andere Kartendarstellungen bieten ähnliche Möglichkeiten, Ausschnitte zu versenden. Hier eine Auswahl:

opencyclemap.org bietet links unten das Menü *Permalink*. Mit Klick darauf ändert sich die Browser-Adresszeile auf die Kartendarstellung. Diese Angabe kann dann als Link versendet werden.

openrailwaymap.org verwendet das gleiche System wie die Fahrradkarte (`opencyclemap.org`), lediglich der Befehl für den *Permalink* steht links oben.

OpenSeaMap.org erzeugt den Permalink im Menü *Werkzeuge*. Um den Link zu generieren, muss ein Marker in die Karte gesetzt werden. Auf diesen Marker wird der erzeugte Kartenausschnitt zentriert.

wheelmap.org kann die Darstellung über Twitter oder Facebook versenden.

2

OSM-Datenbank

Vor dem eigentlichen Bearbeiten des OSM-Kartenwerks soll hier noch ein Überblick über die Inhalte und Eigenschaften der OSM-Datenbank gegeben werden.

2.1 Die OSM-Datenbank

Alle Informationen des OSM-Kartensystems sind in einer großen Datenbank gespeichert. Diese Informationen bestehen aus geometrischen Grundelementen wie Punkt und Linie und Relationen. Sowohl den geometrischen Grundelementen wie auch den Relationen können Attribute — bestehend aus Schlüssel und Wert — zugeordnet werden.

Punkt

Punkte werden in der Datenbank und in Beschreibungen auch als Knoten oder »nodes« (englisch) bezeichnet. Sie bezeichnen einen geografischen Punkt. Er wird durch die geografische Breite und Länge (englisch: »latitude« und »longitude«) festgelegt.

In den Editoren werden Punkte meistens mit  bezeichnet.

In OSM treten Punkte wie folgt auf:

- **Geografischer Punkt** oder Ort wie zum Beispiel Ortschaft, Sehenswürdigkeit, POI (Point of Interest) usw.
  Einem Punkt werden meistens Attribute (siehe unten) zur näheren Beschreibung zugeordnet.
- **Start-, End- oder Zwischenpunkt einer Linie** (siehe unten). Eine Linie kann auch eine Fläche umschließen.
- Mit einem speziellen **Attribut** kann einem Punkt eine Bedeutung zugeordnet werden (zum Beispiel `emergency=phone` für eine Notrufsäule).

Linie

Linien entsprechen in OSM Linienzügen. Das sind mehrere, aufeinander folgende Geradenabschnitte. Linien sind mindestens durch einen Anfangs- und einen Endpunkt definiert. Mit Zwischenpunkten kann eine Linie aus maximal 2000 Punkten bestehen.

In den Editoren werden Linien meistens mit ⬒ oder ⬒ bezeichnet. Als Linien werden dargestellt:

- **Straßen, Eisenbahnlinien, Flüsse** usw.
- **Umrandungen** für Flächen wie Häuser, Waldstücke usw.
- Linien haben immer eine **Beschreibung** mittels Attribut. Das können sein: Oberflächenbeschaffenheit oder Höchstgeschwindigkeit auf einer Autobahn.
- Linien haben eine **Richtung**: Fahrtrichtung in einer Einbahnstraße, Fließrichtung eines Flusses usw.
- Punkte einer bestimmten Linie können gleichzeitig Punkte einer anderen Linie sein. Das ist zum Beispiel bei einer **Kreuzung** oder **Abzweigung** der Fall.

Fläche

Eine Fläche (englisch: »area«) ist eine geschlossene Linie mit besonderen Attributen. In der Datenbank ist die Fläche kein eigenes Merkmal, sondern sie wird erst durch das Attribut zu einer Fläche.

In Editoren wird zur Bezeichnung von Flächen meisten folgendes Zeichen verwendet: ⬒

Bei einer **geschlossenen Linie** sind die Anfangs- und Endpunkt identisch. Eine Fläche ist eine Sonderform des Linienelements.

- Eine geschlossene Linie wird durch ein **Attribut** zur Fläche (`area=yes`). Durch ein spezielles Attribut kann sie zu einer speziellen Fläche werden, zum Beispiel zu einem Gebäude (`building=yes`).
- Je nach **Attribut** kann eine geschlossene Linie also zum Beispiel einen Kreisverkehr oder ein Haus darstellen.

Relation

Eine Relation ist eines der grundlegenden Datenelemente, auf denen OSM aufgebaut ist. Einfach gesagt ist eine Relation eine sortierte Liste von Datenelementen (Punkte, Linien oder Relationen) und Attributen. Relationen werden verwendet, um logische, lokale oder geografische Beziehungen zwischen Elementen herzustellen.

Typische Relationen sind zum Beispiel:

- **Verkehrswege** wie Buslinien oder Wanderwege
- **Zusammenfassungen** größerer Flächen wie Industriegebiete oder Naturschutzgebiete
- **Verkehrsangaben** wie Abbiegebeschränkungen an Kreuzungen

In Editoren werden Relationen so dargestellt:

Beispiel: Eine Buslinie ist eine Sammlung von Straßenabschnitten und Haltestellen (in der richtigen Reihenfolge). Dazu gehören noch die Busnummer und der Verkehrsbetrieb.

Da Relationen erfahrungsgemäß schwierig zu handhaben sind, sei auf einen Einführungsartikel im Wiki verwiesen: `wiki.openstreetmap.org/wiki/Einführung_Relationen`

Attribut

Ein Attribut beschreibt die Eigenschaft(en) eines Objekts. Es besteht immer aus zwei Teilen. In der Datenbank werden die beiden Teile immer so dargestellt: `schlüssel=wert`.

- Der Schlüssel (key) bezeichnet die Eigenschaft eines Objekts. Dieses kann zum Beispiel ein Gebäude, eine Straße, ein Punkt usw. sein.
- Der Wert (»value«) ist die nähere Beschreibung des Schlüssels, zum Beispiel bei einem Gebäude die Straße, an der es liegt.

Die Zugangsmöglichkeit für Rollstühle zu einer Metzgerei könnte etwa so beschrieben werden:

```
shop=butcher
wheelchair=Yes
```

Als Schlüssel sollten keine eigenen Kreationen verwendet werden. Über die Wiki-Seite `http://wiki.openstreetmap.org/wiki/DE:How_to_map_a` finden Sie leicht einen passenden Schlüssel. Für den Wert gibt es dort ebenfalls viele Beispiele. Sie können aber auch individuelle Werte verwenden. Sie müssen dann aber allgemein verständlich sein und immer gleichartig verwendet werden.

2.2 Grafische Daten

Unter grafischen Daten versteht man im Allgemeinen ein Gebäude, einen Fluss, eine Straße usw. auf einer Landkarte, die dann mit einer bestimmten Farbe, Symbolen oder Schriften als solche gekennzeichnet sind. Das alles bildet auch die OSM-Landkarte ab. In der OSM-Datenbank sind solche Angaben allerdings nicht zu finden. Hier sind die Informationen ausschließlich als Datenbank-Objekte wie Punkt, Linie, Relation oder Attribut gespeichert.

Aus den Elementen der Datenbank werden die Kartendarstellungen mittels Programmen erstellt. Diesen Vorgang nennt man »rendern«. Die entstehende bildliche Darstellung ist eine Vektorgrafik (*), im Gegensatz zu einer Pixelgrafik. Die Vektorgrafik hat die unschätzbaren Vorteile, dass durch das Vergrößern keine Informationen verloren gehen und die Grafik relativ wenig Speicherplatz benötigt.

Bearbeiten

Die Mitarbeit am Kartenwerk ist ausdrücklich gewünscht. Wer am OSM-Kartenwerk mitarbeitet, wird bei OSM im allgemeinen Sprachgebrauch »Mapper« genannt. Der Begriff stammt aus dem Englischen und bedeutet Kartograf oder Kartenzeichner. Unter diesem Begriff sollen folgende Tätigkeiten verstanden werden:

- Einfügen. Ein Objekt, zum Beispiel ein Haus, eine Straße, ein Denkmal oder eine Buslinie usw., war in der Karte noch nicht enthalten und soll eingefügt werden.

- Ändern. Ein Objekt hat sich verändert. Beispiele: Die Buslinie hat den Namen geändert. Bisher fehlende Angaben wie Hausnummern werden nachgetragen, ein Restaurant hat den Namen gewechselt, eine Einbahnstraße ist jetzt in beiden Richtungen befahrbar.

- Löschen. Ein Objekt ist verschwunden. Beispiele: Ein Haus wurde abgerissen, ein Weg wurde überbaut.

3.1 Der Editor JOSM

Bild 3.1: Das JOSM-Logo.

3 Bearbeiten

Für alle Änderungen in der OSM-Datenbank ist ein Editor erforderlich. Es gibt eine Vielzahl von geeigneten Editoren. Eine Auswahl ist im Kapitel 4 »Editoren« enthalten. Für die hier an dieser Stelle beschriebenen Bearbeitungen wird der JOSM (Java-OpenStreetMap-Editor) verwendet. Er ist auch der von Mappern am häufigsten verwendete Editor.

JOSM gibt es in zwei Ausführungen, die sich optisch und in der Handhabung aber völlig gleichen. In beiden Fällen ist ein installiertes, aktuelles Java Voraussetzung.

- **JOSM.jnlp**. Diese Form wird allgemein empfohlen und läuft auf allen Plattformen. Sie ist unter `josm.openstreetmap.de/download/josm.jnlp` verfügbar und kann lokal auf dem PC gespeichert oder aber gleich gestartet werden, ohne gespeichert zu sein. Beim Speichern wird nur die Link-Adresse gespeichert. Beim Aufruf wird die Anwendung dann heruntergeladen.
- **JOSM-tested.jar**. Diese Form muss von `josm.openstreetmap.de/josm-tested.jar` heruntergeladen und lokal gespeichert werden. Sie kann dann lokal gestartet werden.

Für andere Plattformen als Windows (Mac OS, Linux, Ubuntu usw.) gibt es Installer und Anweisungen unter `josm.openstreetmap.de/wiki/De%3AWikiStart`.

Bild 3.2: JOSM.jnlp (links), JOSM-tested.jar (rechts)

Bild 3.3: JOSM wird heruntergeladen.

3.1 Der Editor JOSM

Bild 3.4: Der JOSM-Editor wird initialisiert und anschließend gestartet.

Nach dem Programmstart meldet sich JOSM mit der Versionsgeschichte. Über *Datei > Vom OSM-Server herunterladen...* gelangen Sie in die Kartenansicht, bei der Sie einen Ausschnitt zur Bearbeitung auswählen können. Wenn Sie in dieser Kartenansicht unten links einen Haken bei *Diesen Dialog beim Starten öffnen* setzen, schaltet JOSM beim nächsten Start automatisch auf die OSM-Kartendarstellung um. Dabei sehen Sie den zuletzt betrachteten Kartenausschnitt. Falls schon einmal Dateien heruntergeladen worden sind, ist dieser Ausschnitt in der interaktiven Karte markiert. Sie können diesen Ausschnitt zum Bearbeiten laden.

Wahlweise kann der Ausschnitt auch über Reiter am oberen Kartenrand bestimmt werden:

- **Interaktive Karte**. Zoomen mit Mausrad, Verschieben mit rechter Maustaste, Aufziehen mit linker Maustaste
- **Lesezeichen**. Einem bereits ausgewählten Ausschnitt kann ein Lesezeichen zugeordnet werden. So lassen sich häufig benötigte Ausschnitte schnell laden.
- **Koordinaten**. Die vier Felder nehmen die Koordinaten der vier Ecken des Kartenausschnitts auf.
- **Ladebereich um bestimmte Orte**. Der Ort wird in Nominatim (*) gesucht und muss ausgewählt werden. Es empfiehlt sich, den Kartenausschnitt auf der interaktiven Karte noch zu überprüfen und gegebenenfalls anzupassen.
- **Kachelnummern**. Diese Auswahl wird wohl nur selten benötigt, weil es nicht immer einfach ist, die Kachelnummern zu bestimmen.

```
Achtung Dateigröße!
Wenn ein zu großer Ausschnitt gewählt wurde, warnt Sie JOSM vor zu
viel Datenvolumen. Wählen Sie zum Download möglichst nur den benötig-
ten Kartenausschnitt.
```

3 Bearbeiten

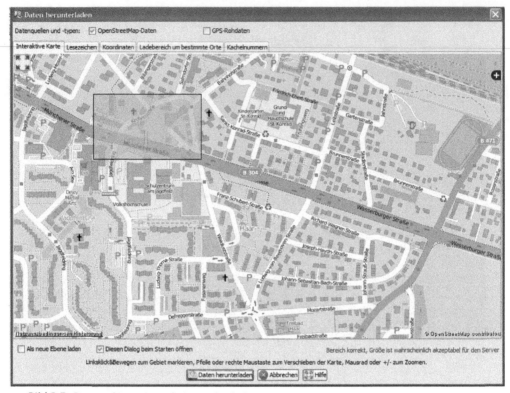

Bild 3.5: Der markierte Ausschnitt wird geladen.

Nach einem Klick auf *Daten herunterladen* stellt JOSM die Verbindung zur OSM-Datenbank her und lädt die Daten in das Fenster zum Bearbeiten.

> **Bearbeitungsbereich**
> Der im Bearbeitungsausschnitt schraffiert markierte Bereich wird zwar dargestellt, war aber nicht ausgewählt. Versuchen Sie nicht, in diesem Teil zu markieren oder zu bearbeiten. Die Folgen sind nicht immer vorhersehbar.

Beim Herunterladen werden die Daten lokal auf dem PC gespeichert. Der JOSM arbeitet mit diesen gespeicherten Daten. Alle Änderungen werden deshalb zunächst auch nur lokal gespeichert. Damit sie in der OSM-Datenbank wirksam werden, müssen sie unbedingt noch zur Datenbank hochgeladen werden. Sollten Sie das vergessen, war alle Mühe umsonst. Beim Schließen des Programms weist allerdings eine Sicherheitsmeldung auf die fehlende Aktivierung hin.

3.2 Die JOSM-Oberfläche

Nachdem die gewünschten Daten geladen sind, erscheint der Editor in seiner vielgestaltigen Oberfläche.

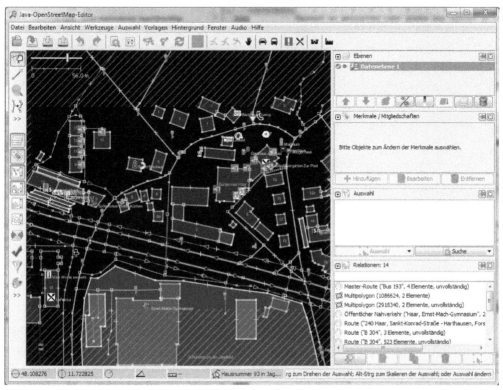

Bild 3.6: Hauptfenster von JOSM

Bearbeitungsausschnitt

Den Hauptteil des Fensters nimmt der Ausschnitt mit den zu bearbeitenden Daten ein. Wenn noch nichts eingestellt ist, ist der Hintergrund einfach dunkel. Er kann aber über das Menü *Hintergrund* mit verschiedenen Karten oder Bildern hinterlegt werden.

3 Bearbeiten

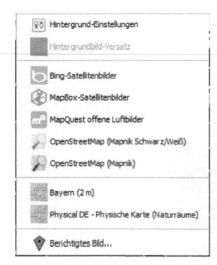

Bild 3.7: Neuen Hintergrund einstellen

Mit dem Schieberegler links oben kann das Zoom verändert werden. Es geht aber auch mit den Tasten + und − oder dem Mausrad. Unter dem Schieberegler befindet sich ein Maßstab, der genau auf den Zoomfaktor synchronisiert ist.

Abweichend von der üblichen Fensterbedienung geschieht das Verschieben des Bildausschnitts mit der rechten Maustaste. Die linke Maustaste dient zum Markieren.

Menüleiste

Am oberen Fensterrand befinden sich wie allgemein üblich die Menüs. Die Werkzeugleiste darunter zeigt die wichtigsten Befehle. Die Tooltipps sind für den Anfang sehr hilfreich. Für erfahrene Benutzer sind die meisten Befehle auch mit Tastenkombinationen (ShortCuts) zu erreichen. Eine Übersicht der ShortCuts ist im Glossar zu finden.

Werkzeugleiste

Am linken Fensterrand befindet sich eine weitere Werkzeugleiste. Sie ergänzt die obere Werkzeugleiste durch spezielle Befehle für einzelne Objekte. Auch in dieser Leiste können einzelne Symbole ein- oder ausgeblendet werden. Und sie kann komplett ausgeschaltet werden.

Bearbeitungsfenster

Im rechten Teil des JOSM-Fensters zeigt das Bearbeitungsfenster die Eigenschaften des ausgewählten Objekts. Es dient gleichzeitig der Bearbeitung dieser Eigenschaften und enthält standardmäßig vier Rubriken, die aber ausgeblendet oder separat dargestellt werden können.

- Merkmale/Mitgliedschaften
  Vom ausgewählten Objekt werden alle Eigenschaften aufgelistet. Es können neue Eigenschaften hinzugefügt und markierte bearbeitet oder gelöscht werden.

- Auswahl
  Zunächst wird nur das ausgewählte Element angezeigt.
  Über das Menü *Auswahl* wird eine Liste angelegt, die alle zum ausgewählten Element gehörigen/benachbarten Elemente enthält.
  Über das *Suchfeld* (die Suchparameter können sehr genau eingestellt werden) können weitere Objekte gesucht und der Auswahl hinzugefügt werden. Gleichzeitig wird das Suchergebnis im Bearbeitungsausschnitt markiert.

- Relationen
  Dieser bearbeitbare Teil des Bearbeitungsfensters zeigt alle hier sichtbaren Relationen.
  Bestehende Relationen können gelöscht oder kopiert werden. Für neue oder zu bearbeitende Relationen öffnet sich zur Erstellung sofort der Relationeneditor.

- Autoren
  In dieser Rubrik werden die Autoren angezeigt, die das ausgewählte Objekt bearbeitet haben. Hier geht es nicht nur um eine dokumentarische Aussage. Über das Feld *Informationen anzeigen* kann auf das Profil des Autors verzweigt werden. So entsteht ein Kontakt zwischen Autoren, die am gleichen Objekt oder in der gleichen Region bearbeiten. Klärungen oder Arbeitsteilung sind so schnell und einfach möglich.

3 Bearbeiten

Bild 3.8: Bearbeitungsfenster

Statusfeld

Ganz unten am Bildrand finden sich schließlich wichtige Informationen.

Bild 3.9: Statusfenster

- Die ersten beiden Kästchen enthalten die geografische Breite bzw. Höhe der Position, auf die der Cursor aktuell zeigt.

> **Neu positionieren**
> Beim Klick auf eines der beiden Kästchen öffnet sich ein Fenster mit den Koordinaten. Hier kann auch der Zoomfaktor verändert werden. Gleichzeitig wird eine URL zur OSM-Karte eingeblendet. Wenn diese URL in die Adresszeile des Browsers einkopiert wird, zeigt die OSM-Karte exakt diesen Ausschnitt an.

Bild 3.10: Neue Position

- Die stilisierte Kompassrose gibt den Winkel des zu zeichnenden Linienabschnitts an.
- Als Nächstes folgt der Winkel zwischen dem vorherigen und dem neuen Linienabschnitt.
- Im Feld mit dem stilisierten Lineal ist die Länge des neuen Linienabschnitts zu sehen. Mit einem Rechtsklick kann zwischen verschiedenen Maßsystemen umgeschaltet werden.
- Das letzte Feld enthält den Namen des Objekts, über dem aktuell der Mauszeiger steht.
- Das freie Feld rechts zeigt Informationen zum aktuellen Bearbeitungsstand, zum Beispiel Tastenbedeutung, Suchergebnisse usw.

3.3 Arbeiten mit dem JOSM

Im vorhergehenden Abschnitt wurde JOSM anhand der Fensteroberfläche in groben Zügen erklärt. Während der Arbeiten am Kartenwerk werden Sie die Feinheiten des Programms kennenlernen. Hier sollen wichtige Arbeitsschritte schon einmal exemplarisch dargestellt werden.

Der im Folgenden gezeigte Kartenausschnitt zeigt die aktuellen Gegebenheiten in der Ortsmitte der Gemeinde Haar am Stadtrand von München. Die beschriebenen Änderungen beziehen sich im Wesentlichen auf diesen Kartenausschnitt. So soll gezeigt werden, wie und was in OSM geändert werden kann. Dabei soll vom Einfachen zum Schwierigeren fortgeschritten werden.

3 Bearbeiten

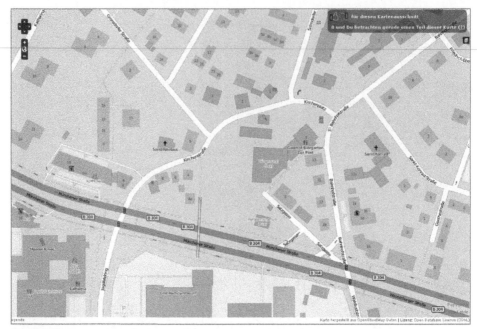

Bild 3.11: Urzustand des Änderungsgebiets (Stand: Juli 2014)

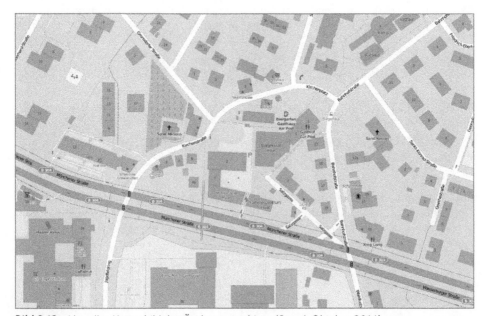

Bild 3.12: Aktuelles Kartenbild des Änderungsgebiets (Stand: Oktober 2014)

Bestehendes ändern

Ein bestehendes Haus soll die Hausnummer 3 bekommen. Durch einen Klick auf die Umrandung des Hauses wird dieses markiert. Im oberen Teil des Bearbeitungsfensters werden alle Merkmale des Hauses aufgelistet. Mit dem Feld *Hinzufügen* wird ein neues Fenster geöffnet. Dort kann aus einer Liste der neue Schlüssel `addr:housenumber` für die Hausnummer ausgewählt werden.

Bild 3.13: Neue Hausnummer vergeben

Als Wert ist nur noch die 3 einzutragen. Damit hat das Haus eine neue Hausnummer erhalten.

Bild 3.14: Die Nummer ist eingetragen.

Als Merkmal ist jetzt die Hausnummer sichtbar.

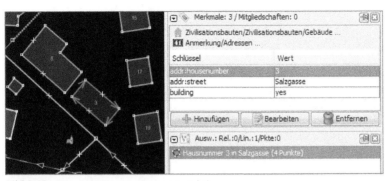

Bild 3.15: Die neue Hausnummer ist sichtbar.

Damit ist die Arbeit zunächst getan. Wie aber schon weiter vorne erwähnt, liegen die eingegebenen Änderungen nur lokal auf dem PC vor. Sie müssen also erst noch zur OSM-Datenbank hochgeladen werden. Benutzen Sie hierzu das Icon in der oberen Symbolleiste oder gehen Sie auf *Datei > Daten hochladen*.

Bild 3.16: Änderungssatz

Vor dem Hochladen kann der Änderungssatz noch bearbeitet werden. Es kann zum Beispiel noch die Quelle der Änderung eingefügt werden. Falls noch nicht geschehen, muss man sich nun natürlich noch mit seinem Benutzernamen und seinem Passwort bei OSM anmelden.

> **Anmeldung**
> Es empfiehlt sich, sich bereits vor dem Befehl zum Hochladen bei der OSM-Datenbank anzumelden. Nur so wird der Name des Autors auch eingetragen.

Nach einer angemessenen Zeit ist die Änderung dann in OSM sichtbar.

Bestehendes verbessern

In dem abgebildeten Bearbeitungsgebiet (vgl. Bild 3.11) liegt das Restaurant Post mit Bürgersaal. Der Gebäudekomplex zeigt aber auf der Karte keine Ein- und Ausgänge. Diese sollen jetzt nachgetragen werden.

Mit der linken Werkzeugleiste oder auch mit der Taste *a* verwandelt sich der Mauszeiger in ein Fadenkreuz. Ein Mausklick setzt den Punkt. Ein nächster Punkt würde sich sofort mit dem letzten Punkt durch eine Linie verbinden. Damit diese Funktion im aktuellen Fall ausgeschaltet ist, halten Sie beim Setzen die Umschalttaste fest. So können einzelne Punkte ohne Verbindung gesetzt werden.

Bild 3.17: Gebäudeeingang

Über die Schaltfläche *Hinzufügen* werden nun die Eigenschaften (Attribute) für diesen Punkt festgelegt. Es handelt sich um den Haupteingang (entrance=main), Zugang mit dem Rollstuhl ist nicht möglich (wheelchair=no). In gleicher Weise werden die übrigen Eingänge angelegt und mit Attributen belegt. Mögliche weitere Werte für Eingang sind zum Beispiel Notausgang (emergency=yes) oder Personaleingang (entrance=service). In dem Fenster *Werte hinzufügen?* können aus einer Liste mögliche Schlüssel ausgewählt werden. Zum ausgewählten Schlüssel werden die möglichen Werte aufgelistet. Im folgenden Bild sind sieben Ein- und Ausgänge dargestellt.

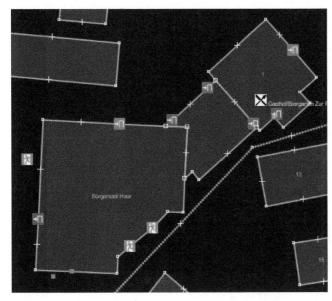

Bild 3.18: Alle Eingänge sind verzeichnet.

Neues einfügen

Ein waches Auge sieht immer wieder etwas Neues. Neben der Straße stehen zwei kleine Betonhäuschen, die als Übergabestationen des Gasnetzes in das örtliche Netz dienen.

Der Umriss jedes einzelnen Gebäudes wird mit vier Punkten beschrieben, die eine geschlossene Linie bilden. Es ist klar, dass es sich um ein industrielles Gebäude handelt (building=industrial). Für eine Gasstation gibt es kein passendes Attribut. Deshalb wird eine Beschreibung (description=*) eingefügt.

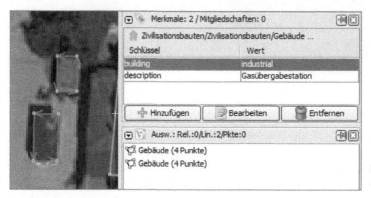

Bild 3.19: Zwei Gebäude einfügen

Für neue Objekte, die noch nicht vorhanden sind, sollen noch zwei Beispiele folgen: eine öffentliche Uhr und ein Lichtstudio. An der Straßenecke steht eine öffentliche Uhr, die durch den Schattenwurf sogar auf dem bing-Bild zu erkennen ist. Der Pfeil wurde nachträglich eingefügt. Man sollte sich aber nicht nur auf das Satellitenbild stützen, sondern nach Möglichkeit die Situation vor Ort erkunden.

Bild 3.20: Hier steht eine öffentliche Uhr.

Mit der Taste *a* und einem Linksklick wird an dieser Stelle ein neuer Punkt eingesetzt. (Sollte sich eine rote Linie zu einem schon früher gesetzten Punkt zeigen, dann kann diese mit der Escape-Taste *ESC* gelöscht werden.) Mit der Taste *s* kommt man wieder in die Bearbeitungsansicht. Im Auswahlfenster wird der neue Punkt mit seinen Koordinaten angezeigt. Im Fenster »Merkmale/Mitgliedschaften« können mit dem Knopf *Hinzufügen* die Eigenschaften der Uhr hinzugefügt werden.

Welche Eigenschaften sollen nun für eine öffentliche Uhr beschrieben werden. Hier hilft das OSM-Wiki weiter. Man sucht auf der Wiki-Seite nach »clock«. Auf der Ergebnisseite `wiki.openstreetmap.org/wiki/DE:Tag:amenity%3Dclock` finden sich alle Detailinformationen und ein Bildbeispiel für eine solche Uhr.

Bild 3.21: Beispiel für die Uhr

Die Angaben für Schlüssel und Wert müssen meistens nicht vollständig eingetippt werden. Es genügen die ersten Buchstaben, und der Rest wird automatisch ergänzt. Wenn man sich beim Wert nicht sicher ist, kann jederzeit eine zum Schlüssel passende Liste möglicher Werte aufgeklappt werden. Das folgende Bild zeigt die möglichen Werte für die Anzeige (englisch: »display«).

3 Bearbeiten

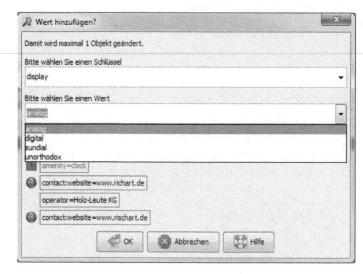

Bild 3.22: Auswahl von möglichen Werten

Wenn alle drei möglichen Schlüsselpaare gesetzt sind, wird an der gewählten Stelle ein Bildchen mit einer Uhr angezeigt. Wenn man im Auswahlfenster mit dem Mauszeiger einen Augenblick auf dem Punkt bleibt, öffnet sich ein Fenster mit den eingegebenen Schlüsseln und Werten.

Bild 3.23: Anzeige im Auswahlfenster, links vor den Hochladen, rechts danach

Jedes Objekt erhält in der OSM-Datenbank eine eindeutige Identität mit dem Schlüssel »id« und einem numerischen Wert. Vor dem Hochladen ist die Nummer noch 0, weil sie erst nach dem Hochladen vom Datenbanksystem automatisch vergeben wird.

Bild 3.24: Die Uhr ist richtig platziert.

3.3 Arbeiten mit dem JOSM

> **Schlüssel und Wert**
> Die Angaben sollten nach Möglichkeit nie vollständig eingetippt werden. Es sollte immer die Autovervollständigung verwendet oder aus der Dropdown-Liste ausgewählt werden. Bei einer Schreibweise, die nicht den Vorgaben entspricht, wird das Objekt sonst in der gerenderten Karte falsch oder gar nicht angezeigt.

Bei den Gebäuden hat OSM schon einen hohen Grad an Flächendeckung erreicht. Bei Hausnummern und Geschäften ist aber noch viel zu tun. Jetzt soll beschrieben werden, wie ein neues Geschäft in die Landkarte integriert wird. Durch einen Besuch wurden schon alle Einzelheiten festgestellt.

Mit der Taste *a* wird in dem Haus ein neuer Punkt eingefügt und mit der Taste *s* wird wieder auf die Anzeigeebene umgeschaltet. Der Punkt sollte im Haus und in der Nähe des Eingangs liegen. Weil es gerade für Shops eine Vielzahl von Attributen gibt, sollten sie möglichst genau das Geschäft beschreiben. Wer sich im Unklaren ist, findet auf der Seite `wiki.openstreetmap.org/wiki/DE:How_to_map_a` fast alle Schlüssel mit den möglichen Werten. Für uns ist die Gruppe G = Geschäfte relevant.

Die erforderlichen Schlüssel- und Wertepaare werden nacheinander hinzugefügt. Die Reihenfolge spielt keine Rolle. Wenn mit `contact:website` eine Webseite eingefügt wird, dann sollte in jedem Fall vorher geprüft werden, ob die Seite auch tatsächlich erreichbar ist. Dann kann die Adresse direkt vom Browserfenster in das Wertfeld kopiert werden. Gerade bei Geschäften sind Hausnummern an Ort und Stelle oft schwierig zu ermitteln. Der Kassenbon oder eine Rechnung schaffen Klarheit.

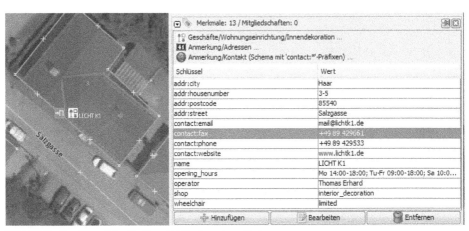

Bild 3.25: Der Shop ist mit allen Attributen eingefügt.

Für die Öffnungszeiten gibt OSM eine Liste von Möglichkeiten an, die jederzeit an die aktuelle Situation angepasst werden können. Der Formalismus sollte sehr genau eingehalten werden, sonst können die Öffnungszeiten in der Karte nicht korrekt angezeigt werden. Ob die Öffnungszeiten richtig formatiert sind, kann mit dem Tool ypid.de/~osm/evaluation_tool jederzeit nachgeprüft werden.

> **Öffnungszeiten**
> … mit dem Smartphone am Ladeneingang schnell fotografiert, vermeidet Schreib- und Hörfehler.

Jetzt soll noch ein etwas schwierigeres Objekt beschrieben werden. Es soll ein Brunnen eingefügt werden. Dabei handelt sich um einen runden Steinbrunnen mit zwei Sitzbänken.

Ein Brunnen sollte normalerweise nur als Punkt dargestellt werden. Da dieser Brunnen mehr als 5 m Durchmesser hat, wird zunächst mit Punkten ein möglichst genauer Kreis markiert. Es entsteht eine geschlossene Linie. Mit dem Werkzeug *Punkte im Kreis anordnen* = O entsteht eine Kreislinie. Zur Beschreibung der Eigenschaften kann die Vorlagengruppe »Zivilisationsbauten« verwendet werden und darin der Springbrunnen ausgewählt werden. Damit werden sowohl das Zeichen als auch die möglichen Attribute angewendet. Zusätzlich sollte noch das Attribut Trinkwasser (`drinking_water=*`) eingefügt werden. Für das Sternchen muss `yes` oder `no` eingefügt werden, je nachdem, ob es sich um Trinkwasser handelt oder nicht.

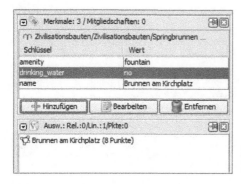

Bild 3.26: Brunnen mit Vorlagengruppe Zivilisationsbauten

Jetzt sollen noch die beiden Sitzbänke modelliert werden. Bänke werden als Punkte eingefügt.

Der Kreis wird mit dem Attribut `amenity=bench` (entspricht einer Einrichtung als Bank) belegt.

3.3 Arbeiten mit dem JOSM

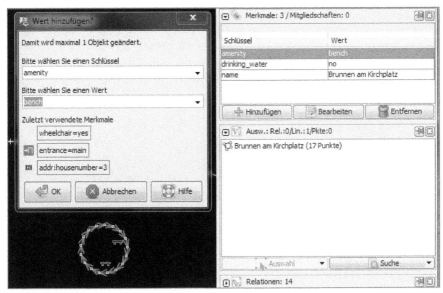

Bild 3.27: Die Bank erhält einen Namen.

Objekte löschen

Eine Karte lebt nicht nur von Neuem und Aktualisierungen. Manche Objekte verschwinden auch aus verschiedenen Gründen ersatzlos. Im folgenden Beispiel zieht die Volkshochschule um und gibt ihre alten Räume völlig auf.

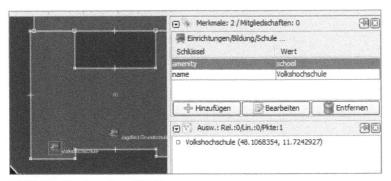

Bild 3.28: Löschen eines Objekts

Das Löschen eines Objekts ist sehr einfach — fast zu einfach. Markieren Sie das Objekt und drücken Sie die *Entf*-Taste. Schon ist das Objekt weg, mit all einen Eigenschaften und Verbindungen.

> **Löschen**
> Schnell ist etwas aus Versehen gelöscht. Eine Aktion kann zwar mit der Tastenkombination *Ctrl + Z* rückgängig gemacht werden. Trotzdem: Vorsicht!

Neue Relation

Eine Relation ist eine sortierte Liste von Objekten und Attributen. Hier soll eine Radtour durch die Gemeinde Haar als Relation dargestellt werden. Für solche Aktionen sind ein GPS-fähiges Smartphone, Tablet oder ein GPS-Gerät sehr hilfreich.

Wie im Falle der Radtour ist es in den meisten Fällen sinnvoll, die Relation aus bereits vorhandenen Objekten zusammenzusetzen. So müssen nur vereinzelt neue Objekte (zum Beispiel Informationstafeln oder nicht vorhandene Wegstrecken) neu gezeichnet werden. Zur Vorbereitung empfiehlt sich folgende Vorgehensweise:

1. Aufgezeichneten Track lokal als GPX-Datei bereitstellen.

2. Kartendaten im voraussichtlichen Umfang des benötigten Gebiets herunterladen.

3. GPX-Datei per Drag-and-drop in das JOSM-Fenster ziehen.

4. Ebenenfenster einschalten, *Alt + Umschalt + L*.

Jetzt ist im Bearbeitungsfenster der Track sichtbar, und eine neue Relation kann erstellt werden. Mit *Alt + Umschalt + R* wird das Relationenfenster sichtbar. Ein Klick auf *Neu* öffnet den Relationeneditor.

3.3 Arbeiten mit dem JOSM

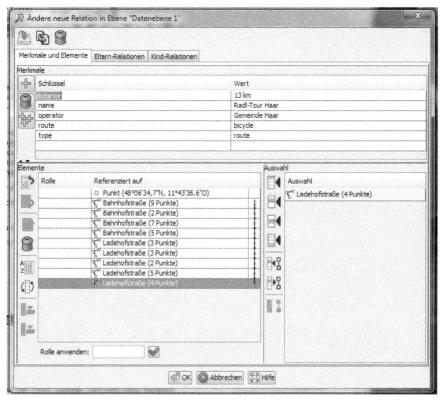

Bild 3.29: Relationeneditor

Der obere Teil des Fensters nimmt die Beschreibung der Relation auf. Im unteren Teil werden die einzelnen Elemente der Relation eingetragen. Hier ist die richtige Reihenfolge ganz wichtig.

- Im Bearbeitungsfenster wird das entsprechende Objekt markiert.
- Im Auswahlfenster wird die Auswahl bestätigt.
- Im unteren Teil des Relationeneditors wird die Auswahl angezeigt.
- Mit einem Icon im rechten Teil kann nun die Auswahl in die richtige Reihenfolge eingeordnet werden.

Bild 3.30: Einordnen der Auswahl

Die Eingabe kann vereinfacht werden, wenn mehrere Objekte gleichzeitig eingefügt werden. Hierzu sind nur die Objekte in der richtigen Reihenfolge zu markieren, während die *Strg*-Taste festgehalten wird.

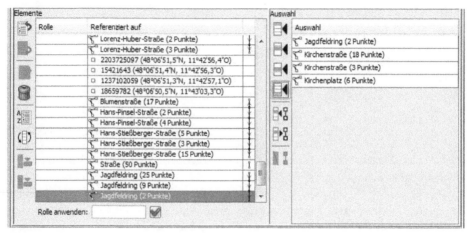

Bild 3.31: Mehrere Straßenstücke einfügen

Nachdem der Relation alle Elemente hinzugefügt sind, kann sie zum OSM-Server hochgeladen werden. Es empfiehlt sich aber, alle Daten vorher noch einer Prüfung zu unterziehen. Mit *Alt + Umschalt + V* wird das Fenster mit den Prüfergebnissen eingeblendet. Mit einem Rechtsklick auf ein Problem kann auf dieses gezoomt werden.

3.3 Arbeiten mit dem JOSM

Bild 3.32: Ergebnis der Prüfungen

Konflikte müssen, Warnungen sollten behoben werden. Dann steht dem Hochladen zum Server nichts mehr im Wege. Bereits nach kurzer Zeit steht die neue Relation im Kartenwerk zur Verfügung. Das folgende Bild zeigt einen Ausschnitt aus dem RadlRing Haar (erkennbar an den beiden Schleifen).

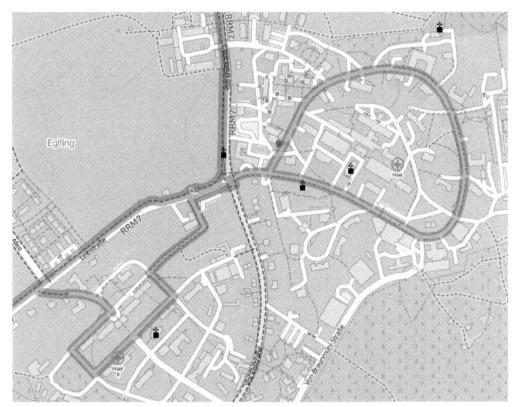

Bild 3.33: Ausschnitt aus dem RadlRing Haar

3.4 Offene Themen

Jeder Mapper sollte die Umgebung seines Wohn- oder Heimatorts so sorgfältig und umfangreich wie möglich kartografieren. Auch auf Reisen und im Urlaub gilt es, Neues zu entdecken und die Datenbank zu aktualisieren. Sowohl in der geografischen Ausdehnung wie in der thematischen Tiefe gibt es keine Begrenzung.

Hier einige Anregungen:

- Zugänge für Rollstuhlfahrer
- Öffnungszeiten von Museen, Restaurants und Geschäften
- Eingänge und Notausgänge bei öffentlichen Gebäuden
- Oberfläche von Straßen, Fuß- und Radwegen
- Neue Gebäude in Neubaugebieten
- Stolpersteine siehe **de.wikipedia.org/wiki/Stolpersteine**

4

Editoren

Für die Mitarbeit am Kartensystem ist eine Vielzahl von Editoren verfügbar. Sie sind in den folgenden Abschnitten mit ihren Funktionen und Besonderheiten beschrieben. Um die Auswahl zu erleichtern, ist für jeden Editor ein Beispiel aufgeführt. Dabei handelt es sich immer um den gleichen Kartenausschnitt (Haar mit Ortsteil Salmdorf). So können Sie sich ein Vergleichsbild machen.

Beim Aufrufen des Menüs *Bearbeiten* in der normalen Kartenansicht werden für den gewählten Kartenausschnitt drei Editoren zur Auswahl angeboten:

- Bearbeiten mit iD (im Browser eingebetteter Editor)
- Bearbeiten mit Potlatch 2 (im Browser eingebetteter Editor)
- Bearbeiten mit externem Editor (JOSM oder Merkaartor)

Bild 4.1: Auswahl eines Editors im Browser

4 Editoren

Nachfolgend sind die gängigen Editoren beschrieben. Unter `wiki.openstreetmap.org/wiki/Editor` finden Sie alle Editoren mit den unterstützten Funktionen. Wenn bei den folgenden Beschreibungen und Abbildungen nichts angegeben ist, so beziehen sie sich auf den Firefox als Browser.

4.1 iD

Der Editor iD ist direkt in die Kartendarstellung von OSM eingebaut. Er muss nicht extra geladen oder gestartet werden. Das Menü *Bearbeiten* bietet den Editor direkt an. Im Internet Explorer wird der Editor zwar zur Auswahl angezeigt, aber nicht unterstützt. Statt des iD wird der Potlatch_2 aufgerufen. iD kann auch separat von `ideditor.com` bezogen werden. Die Seite verzweigt entweder auf OSM oder auf eine kostenpflichtige Stand-alone-Version.

Auf jedem beliebigen Kartenausschnitt im Browser kann sofort — nach Anmeldung — mit iD in den Änderungsmodus gewechselt werden. Zur Einführung wird eine Tour angeboten.

Bei einem Klick auf ein Objekt wird zunächst der Eigenschaftseditor angezeigt. Dieser zeigt alle Eigenschaften des Objekts. Gleichzeitig erscheinen rund um das Objekt als Buttons die möglichen Operationen.

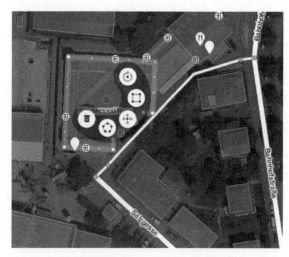

Bild 4.2: Kontextmenü der ausgewählten Fläche

Wenn man mit der Maus darüber fährt, erscheint in einem kleinen Fenster die zugehörige Beschreibung. Darin wird auch das Tastenkürzel für zügiges Arbeiten mit der Tastatur angezeigt.

In diesem Beispiel soll ein ausgewähltes Gebäude gelöscht werden. Nachdem die Aktion ausgewählt ist, kann sie gespeichert werden. Es erfolgt dann immer eine Rückfrage, ob tatsächlich gespeichert werden soll. Dabei sollte immer ein Grund für die Aktion angegeben werden. So können angemeldete Nutzer im Änderungsprotokoll nachlesen, was und warum geändert wurde.

Bild 4.3: Der Änderunssatz beim Löschen eines Gebäudes

Schon nach wenigen Minuten ist das Gebäude in der Standardansicht verschwunden.

Jede Änderung wird in der OSM-Datenbank mit einem Änderungssatz unter einer eindeutigen Nummer hinterlegt. Ein Klick auf die Nummer zeigt den Änderungssatz und das gelöschte Objekt.

Neben den Buttons im Kartenteil kann das Objekt auch im Eigenschaftsfenster bearbeitet werden. Im nächsten Beispiel soll einen wegen Bauarbeiten gesperrte Brücke als wieder zugänglich aktualisiert werden. Mit einem Klick auf das Papierkorbsymbol können die Eigenschaften »Zugangsberechtigung« und »Notiz« gelöscht werden.

4 Editoren

Bild 4.4: Eigenschaften im Eigenschaften-Fenster bearbeiten

Der Editor iD ist leicht bedienbar und erfordert keine allzu große Einarbeitung. Er ist besonders gut für Einsteiger geeignet. Für umfangreiche Bearbeitungen sollte aber ein anderer Editor wie zum Beispiel JOSM oder Potlatch 2 verwendet werden.

4.2 Potlatch 2

Dieser Editor wird ebenfalls beim Auswahlmenü *Bearbeiten* als eingebetteter Editor angeboten. Er wird direkt im Browser betrieben. Der sichtbare Kartenausschnitt steht sofort zur Bearbeitung bereit.

Bewegen
Zum Bewegen des Kartenausschnitts mit der linken Maustaste sollten Sie immer nur in einen leeren Bereich klicken. Sonst wird ein Objekt markiert.

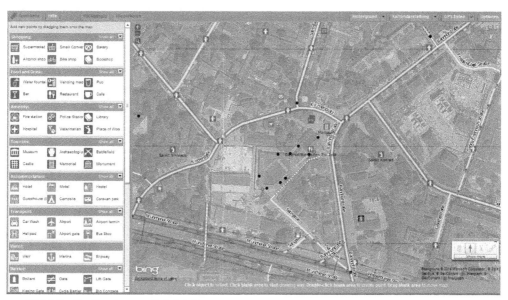

Bild 4.5: Startfenster von Potlatch 2

Im linken Fensterteil wird sofort eine Auswahl von Schlüsseln angeboten. Von hier kann ein Icon direkt in den Kartenteil gezogen und dort verankert werden. Der linke Teil wechselt dann in die Anzeige der Tags für das neue Objekt. Mit *Add* können auch neue Schlüsselpaare hinzugefügt werden. Leider gibt es keine Hilfe für die Auswahl von Schlüsseln.

Bild 4.6: Schlüsselpaare für das neue Objekt

Beim Klick auf *Save* erfolgt noch eine Rückfrage, dann wird sofort in die OSM-Datenbank gesichert (natürlich muss man angemeldet sein).

Damit zeigt sich auch gleich seine Schwäche. Wenn keine schnelle Internetverbindung zur Verfügung steht, muss man sich in Geduld üben. Vor allem sollten keine zu großen Kartenausschnitte gewählt werden, weil alle darin enthaltenen Objektdaten heruntergeladen werden. Dabei kann auch das Flash-Plugin (mindestens ab Version 8) an seine Grenzen stoßen.

Potlatch in der Version 2 ist gut geeignet, um schnell kleine Änderungen einzutragen. Es sind keine tiefer gehenden Einblicke in das Datenbanksystem notwendig. Damit ist Potlatch besonders für Einsteiger geeignet.

Potlatch 2 ist unter www.geowiki.com für Linux-Systeme verfügbar.

4.3 JOSM

Dieser Editor wird nicht im Browser, sondern als eigenständiges Programm betrieben. Die Kartendaten werden vom OSM-Server für einen gewünschten Kartenausschnitt heruntergeladen. Sie können dann offline bearbeitet und danach wieder zum OSM-Server hochgeladen werden. Das Kapitel 3.1 »Der Editor JOSM« enthält eine ausführliche Beschreibung.

JOSM ist ein mächtiges Werkzeug, selbst umfangreiche Arbeiten können komfortabel erledigt werden. Die Arbeitsgeschwindigkeit ist schnell. Der Speicherbedarf für die Kartendaten ist vom Kartenausschnitt abhängig und kann individuell bestimmt werden.

Für erfahrene Mapper ist JOSM das Werkzeug der Wahl. Aber auch Einsteiger können sich dank der Hilfe-Funktion schnell einarbeiten.

JOSM ist in zwei Varianten verfügbar:

- Die jeweils aktuelle Version wird heruntergeladen und sofort gestartet. Zu beziehen von josm.openstreetmap.de/download/josm.jnlp.
- Unter josm.openstreetmap.de/josm-tested.jar steht eine getestete, aktuelle Version zur Verfügung. Sie muss auf dem PC gespeichert werden. Für die Aktualisierung ist der Anwender selbst verantwortlich.

4.4 Merkaartor

Der Name dieses Editors ist an den berühmten Geografen und Kartografen Gerhard Mercator (Gerard de Kremer — Gerhard Krämer — Gerardus Mercator) angelehnt. Näheres steht in Wikipedia de.wikipedia.org/wiki/Gerhard_Mercator.

Der Editor Merkaartor kann von der Seite merkaartor.softonic.de/download#downloading heruntergeladen werden und muss dann auf dem PC installiert werden. Auf der belgischen Originalseite steht Merkaartor leider nicht mehr zur Verfügung. Beim Start ist als Erstes der zu bearbeitende Kartenausschnitt auszuwählen, der dann in die Kartenebene geladen wird.

4.4 Merkaartor

Bild 4.7: Auswahl der Kartendaten

Nach dem Download öffnet sich das Hauptfenster mit einer Vielzahl von Informationen.

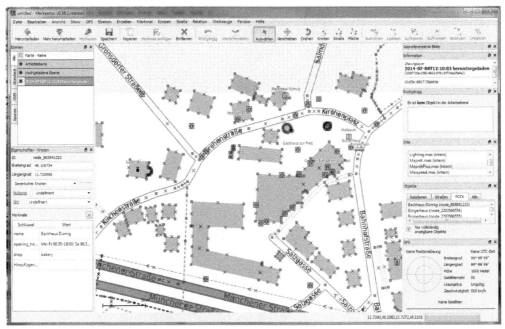

Bild 4.8: Die Benutzeroberfläche von Merkaartor

4 Editoren

Im Mittelteil wird die Karte angezeigt, aber nur der tatsächlich ausgewählte Teil ist editierbar (siehe vorheriges Bild). Beim Überstreichen der Karte mit der Maus wird sofort rechts oben die zugehörige Information angezeigt.

Mit einem Rechtsklick wird ein Objekt markiert, und die Eigenschaften und Merkmale werden im linken Teilfenster angezeigt. Sie können direkt geändert werden, oder es wird eine neue Eigenschaft oder ein neues Merkmal hinzugefügt.

Bild 4.9: Eigenschaften und Merkmale

Nach der Anmeldung bei OSM können die Änderungen zum OSM-Server hochgeladen werden.

Dieser Editor ist für eine normale Bearbeitung durchaus geeignet. Alle Eigenschaften werden in mehreren Unterfenstern dargestellt. Zur Bearbeitung können die verschiedenen Ebenen unterschiedlich durchsichtig dargestellt werden. GPS-Daten können direkt eingebaut werden. Luftbilder von bing können nicht als Hintergrund eingestellt werden. Ob einem Merkaartor oder JOSM mehr liegt, ist letztendlich Geschmackssache.

4.5 ArcGIS

ArcGIS ist ein kostenpflichtiger Editor für Geo-Daten mit einem sehr großen Leistungsumfang. Als Dateibetrachter ist er kostenlos unter www.esri.com/software/arcgis/explorer-desktop/download zu erhalten. Man kann verschiedene Karten laden, darunter auch OSM-Karten. Daraus können eigene Karten mit eigenen Ergänzungen erstellt werden. Die Änderungen können aber nicht zum OSM-Server hochgeladen werden.

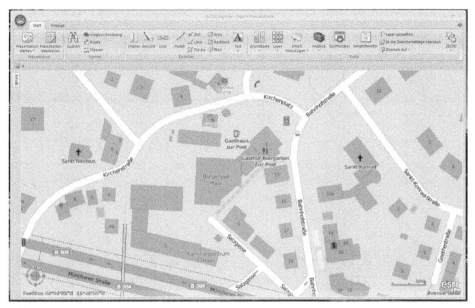
Bild 4.10: Kartenansicht und Bearbeitungsleiste des ArcGIS

Die selbst erstellten Karten können gespeichert und zu Präsentationen zusammengestellt werden.

4.6 Map Composer

Der Map Composer ist eine grafische Applikation in Java, um topografische Karten aus OpenStreetMap-Daten zu erzeugen. Er muss von composer.waldpfa.de heruntergeladen und dann installiert werden. Bei composer.waldpfa.de/index.php/MC.Download ist eine Installationsanweisung für Windows und Linux zu finden. Als Musterkarten sind bereits zwei Beispielregionen vorhanden.

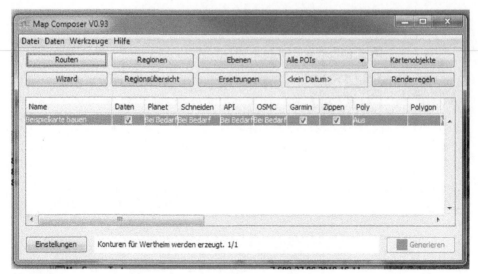

Bild 4.11: Hier wird eine Region in Map Composer neu angelegt.

Neu angelegte Regionen können bearbeitet werden. Besonderer Schwerpunkt des Editors ist das Anlegen von Höhenlinien und die Erzeugung von Wander- und Reiterkarten.

4.7 umap

  umap ist ein Editor, der direkt mit den OSM-Daten arbeitet. Er wird mit `umap.openstreetmap.fr/de` aufgerufen und arbeitet direkt im Browser. Auf der Startseite wird eine Auswahl bereits erstellter Karten gezeigt. Mit der Demo-Version kann man gefahrlos spielen und alles ausprobieren.

Nach dem Einloggen mit dem OSM-Account werden die bereits erstellten Karten angezeigt und können bearbeitet werden. Alternativ: *Erstelle eine Karte*.

Der obere Teil der rechten Bearbeitungsleiste ermöglicht das Zeichnen einer Linie, einer Fläche oder eines Punktes. Die Elemente werden durch einen Klick in die Karte an dieser Stelle eingefügt. Im Beispiel wird ein Icon für ein Gartenobjekt als Punkt eingebaut. Beim zweiten Klick auf das Symbol öffnet sich das Bearbeitungsfenster für dieses Objekt.

Mit dem Menü *Teile und binde diese Karte ein* wird rechts ein Bearbeitungsfenster geöffnet. Der obere Teil enthält den vollständigen Code, mit dem die dargestellte Karte in eine beliebige Webseite eingebunden werden kann. Im unteren Teil können

4.7 umap

verschiedene Exportoptionen bearbeitet werden. Mit dem Button *Speichern* werden die Daten für umap gespeichert.

Bild 4.12: Das Gartenobjekt kann bearbeitet werden.

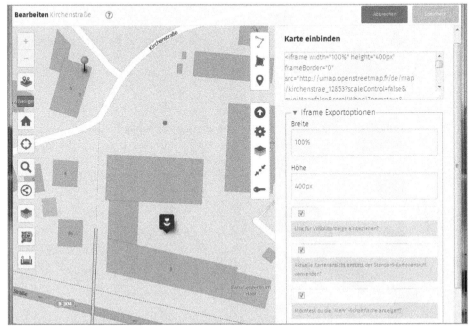
Bild 4.13: Ausschnitt in die Webseite einbinden

In eine Webseite eingefügt, sieht die Karte dann so aus:

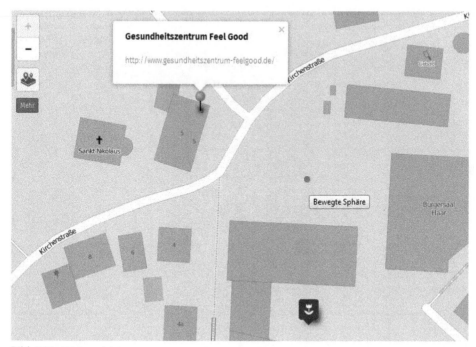

Bild 4.14: Webansicht

In der gezeigten Webansicht (Bild 4.14) ist auf die Stecknadel geklickt: Es erscheint ein Pop-up-Fenster mit Beschreibung und URL (*Gesundheitszentrum Feel Good*). Steht der Mauszeiger nur über dem Punkt, erscheint lediglich eine Beschreibung (*Bewegte Sphäre*).

Der Editor umap ist gut geeignet, wenn in einen bestimmten Kartenausschnitt Zusatzinformationen eingebaut werden sollen. Er lässt sich leicht und intuitiv bedienen. Etwas kompliziertere Darstellungen lassen sich nur durch die Trial-and-Error-Methode erreichen, weil leider keine deutsche Beschreibung zur Verfügung steht. Änderungen werden in der normalen OSM-Kartenansicht nicht gerendert.

```
iD oder JOSM
In der linken Werkzeugleiste (zweites Icon von unten) kann in den Editor
iD oder JOSM gewechselt werden. Mit einem Klick werden die Daten des
gewählten Kartenausschnitts aus der OSM-Datenbank geladen und können im
Editor bearbeitet werden. Remote Control muss aktiviert sein.
```

4.8 Editoren für Spezialkarten

Die Spezialkarten basieren auf dem Datenmaterial der OSM-Datenbank. Um sie bearbeiten zu können, stehen oftmals spezielle Editoren zur Verfügung, die genau auf die darzustellenden Attribute ausgerichtet sind. Nachfolgend sind einige dieser Editoren beschrieben.

Map and Route

Map and Route (www.mapandroute.de) ist ein Kartensystem, das sowohl die OSM-Karten als auch NAVTEQ-Daten verwendet. NAVTEQ ist ein kommerzielles Unternehmen, dessen Schwerpunkt mobile Navigationssysteme sind. Nach einer einfachen Anmeldung können selbst POI als Favoriten gesetzt werden.

Nach der Adressenangabe wird ein Pin an der richtigen Stelle platziert. Mit einem Klick auf den Pin zeigt sich die Beschriftung. Die anzuzeigenden POI können in einer Seitenleiste vielfältig ausgewählt werden.

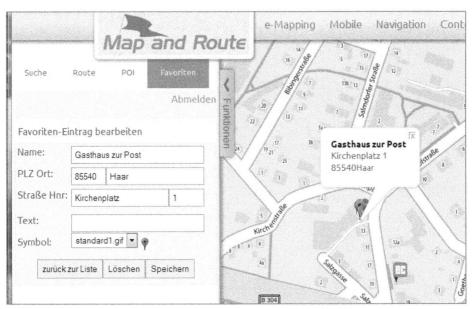

Bild 4.15: Anzeige des erstellten POI

Als Besonderheit kann der gewählte Kartenausschnitt über das Menü *Tools — Drucken* sofort ausgedruckt werden.

4 Editoren

Der Editor für Map and Route eignet sich in der Normalausführung nur für einfache Icons und Angaben. Detaillierte Eingaben bleiben den Premium-Anwendern vorbehalten.

Reit- und Wanderkarte

 Die Kartendarstellung **www.wanderreitkarte.de** zeichnet sich durch einen bequemen *Routeneditor* aus. Hier muss nicht mit Relationen gearbeitet werden, sondern der gewünschte *Routenvorschlag* wird einfach in der Karte in der richtigen Reihenfolge angeklickt. Diese Route kann gespeichert, gedruckt und als GPX-Datei hochgeladen werden.

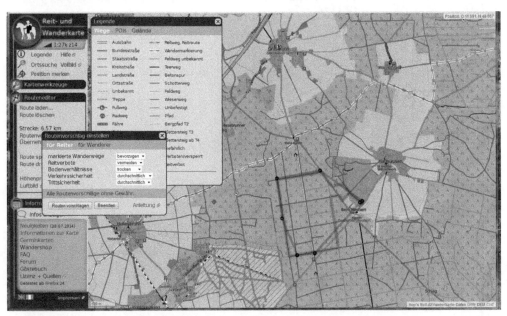

Bild 4.16: Eine geplante Reitroute

Wheelmap

  Nach dem Aufruf von **wheelmap.org** erscheint der von OSM bekannte Kartenstil.

4.8 Editoren für Spezialkarten

Bild 4.17: Einstiegsseite in wheelmap.org

Die Zugänglichkeit für Rollstühle wird in den Farben einer Verkehrsampel angezeigt. Mit dem Button *Kategorien* kann die Auswahl der anzuzeigenden Objekte eingeschränkt werden.

Bild 4.18: Qualität der Objekte

Mit einem Klick auf ein in OSM bereits registriertes Objekt (Shop, Restaurant usw.) kann dieses einer der drei Stufen zugeordnet werden. Mit *Speichern* wird diese Eigenschaft in der OSM-Datenbank festgelegt. Für diese Aktion ist keine Anmeldung erforderlich. Für neue Objekte oder für Bemerkungen ist eine Anmeldung bei wheelmap und OSM notwendig.

Bild 4.19: Eine Eigenschaft in wheelmap festlegen

Feuerwehrkarte

Die Feuerwehrkarte kann selbstverständlich auch mit JOSM, Merkaartor oder iD bearbeitet werden. Schneller und bequemer geht es allerdings mit dem Editor von OSM-Hydrant: www.osmhydrant.org/de. Diese Seite bietet speziell ausgerichtete Merkmale. In der Mitte oben kann nach Orten gesucht werden. Die Bearbeitungsleiste auf der linken Seite bietet folgende Werkzeuge:

- Zoomen mit **+** und **-**
- Vollbildmodus
- Neuen Hydranten setzen
- Neuen Ansaugeplatz setzen
- Neuen Wassertank setzen
- Entfernungen messen
- Wo bin ich? (Wenn GPS-Daten vorliegen, zentriert die Karte auf den aktuellen Standort.)
- Sidebar anzeigen mit einer Schnell-Hilfe

4.8 Editoren für Spezialkarten

Die Leiste auf der rechten Seite zeigt weitere Informationen:

- Auswahl der Kartendarstellung
- Die Zahl neben dem Hydrantensymbol zeigt die Anzahl der geladenen Löschwasserentnahmestellen.
- Die Zahl darunter zeigt die Anzahl der geladenen Feuerwehrhäuser.
- Der Linkspfeil blendet eine Auflistung aller geladenen Löschwasserentnahmestellen ein.
- Mit dem Rundpfeil werden alle Symbole des Kartenausschnitts neu geladen.

Bild 4.20: Bearbeitungsseite der Feuerwehrkarte

In der oben gezeigten Karte bezeichnet der rote Bereich die zu den Löschwasserentnahmestellen gehörende Löschwasserabdeckung. Sie kann mit der Kartenauswahl rechts oben ein- oder ausgeschaltet werden. Die Kreise stehen für die Anzahl der in dieser Region enthaltenen Hydranten. Bei weiterem Zoomen lösen sich diese Kreise immer weiter auf, und die Hydranten werden an ihrer Position dargestellt.

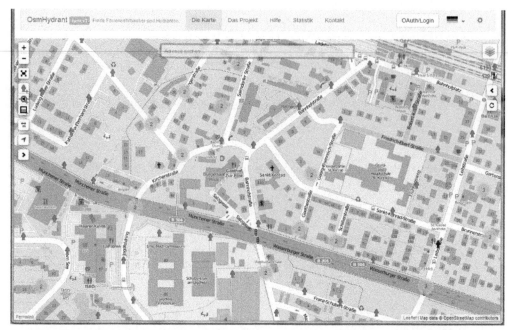

Bild 4.21: Nach dem Heranzoomen werden einzelne Hydranten dargestellt.

Bild 4.22: Ein neuer Hydrant soll eingefügt werden.

Mit einem Klick auf das rote Hydrantensymbol erscheint im Kartenfeld ein gelber Punkt. Verschieben Sie diesen Punkt an die gewünschte Stelle und klicken auf *Speichern*. Jetzt erscheint eine Liste der Eigenschaften. Sehr komfortabel werden die

Eigenschaften hier in Klartext angezeigt und nicht wie in der OSM-Datenbank als Attribute mit Schlüssel und Wert. Selbstverständlich werden die Eigenschaften formgerecht in der Datenbank abgelegt.

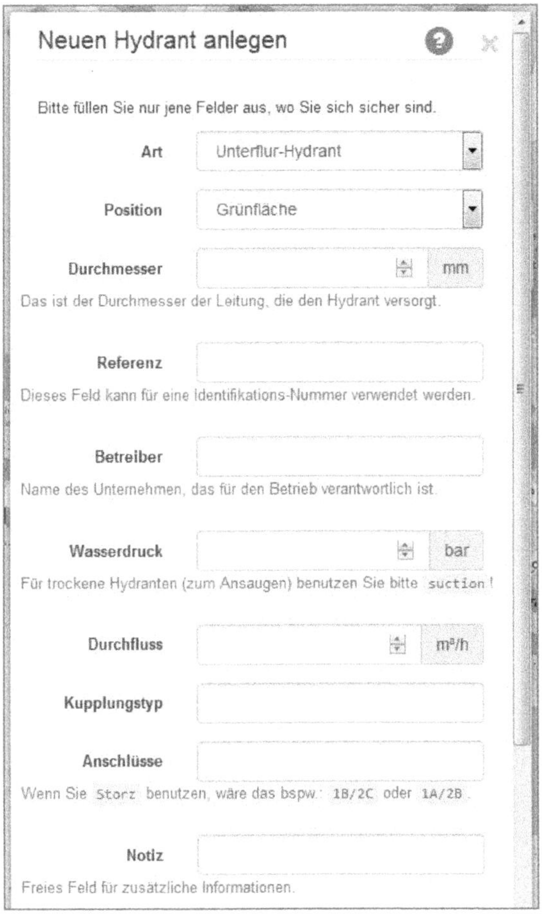

Bild 4.23: Eigenschaften eines neuen Hydranten

Mit einem Klick auf einen bestehenden Hydranten kann im Pop-up-Menü der Hydrant bearbeitet, versetzt oder entfernt werden.

Bild 4.24: Behandeln eines bestehenden Hydranten

GeoHack

Eine Sonderstellung unter den Spezialkarten nimmt das Programm GeoHack ein. Unter der URL **tools.wmflabs.org/geohack** meldet es sich mit einem kleinen Auswahlkästchen zur Eingabe der Koordinaten:

Bild 4.25: Auswahl der Koordinaten

Die Koordinaten können in Grad/Minuten/Sekunden oder dezimal eingegeben werden. Nach dem Aufruf mit *Do it* meldet sich GeoHack mit einer schon fast unübersichtlichen Vielzahl von Kartenformaten und Kartenansichten. Beim Aufruf ist die jeweilige Karte dann exakt auf die angegebenen Koordinaten fokussiert (im Beispiel auf den Franzis-Verlag).

4.9 Änderungsprotokoll

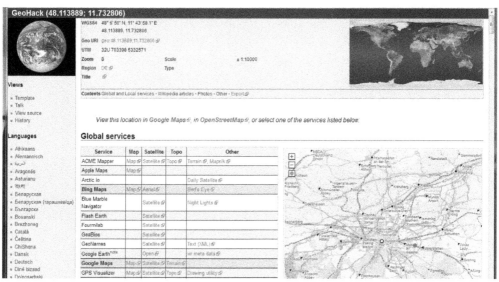

Bild 4.26: Auswahl der Karten

Neben den vielen Kartenversionen (Global Services) bietet GeoHack noch Wikipedia-Artikel für die gesuchten Koordinaten, Bilder, die in der Nähe aufgenommen sind, und noch viele weitere Informationen, zum Beispiel: Geocaching-Objekte, prähistorische Stätten, Echolink für Funkamateure, Flugzeuge und Schiffe in der Umgebung (live), Wetterradar usw.

4.9 Änderungsprotokoll

Nachdem in einem Editor Änderungen durchgeführt sind, werden die Daten zum OSM-Server hochgeladen. Vor dem endgültigen Hochladen sollten zwei Elemente unbedingt beachtet und vervollständigt werden:

Beschreibung. Hier sollte angegeben werden, was geändert, gelöscht oder neu angelegt wurde. Diese Angaben werden mit den anderen Daten auf dem Server gespeichert und dienen reinen Informationszwecken. Jeder Mapper, der sich mit dem gleichen Gebiet befasst, kann so feststellen, was und gegebenenfalls auch warum etwas bearbeitet wurde.

Quelle. Wenn ein Objekt neu eingetragen oder verändert wurde, dann ist es sinnvoll anzugeben, woher die Information stammt. Dieses Tag wird in der Datenbank gespeichert, es wird aber normalerweise nicht zum Rendern der Karten verwendet.

Die sorgfältige Verwendung der beiden genannten Elemente gebietet auch die Fairness anderen Mappern gegenüber.

Werkzeuge

Neben den Editoren für das Bearbeiten der Kartendaten steht noch eine Reihe weiterer Werkzeuge zur Verfügung. Damit können die Daten aus der OSM-Datenbank gleichzeitig nach bestimmten Regeln selektiert oder manipuliert werden. Und es können die Daten für andere grafische Systeme verwendet werden.

In diese Gruppe gehören auch Programme, die nach eigenen Regeln neue Kartenansichten erstellen, sogenannte Renderprogramme.

5.1 Overpass

Overpass ist ein mächtiges Werkzeug, um Daten aus der OSM-Datenbank gezielt zu selektieren und lokal zur Verarbeitung zu speichern. Das Programm läuft direkt im Browser (Firefox oder Chrome). Es wird unter `overpass-turbo.eu` aufgerufen. Der Aufruf ist auch von einem Smartphone oder Tablet aus möglich.

Für den Mapper bietet Overpass Antworten auf folgende mögliche Fragen:

- Fehlen in einem bestimmten Bereich zum Beispiel Bankautomaten oder Friseure?
- Ist ein Attribut oder ein Schlüssel häufig falsch geschrieben? Zum Beispiel bei Restaurants *fastfood* statt *fast_food*.

5 Werkzeuge

- Wo liegen bestimmte POIs, die aber nicht auf der Karte angezeigt werden?
- Wo liegen die Gemeindegrenzen eines Bundeslandes?

Die OSM-Daten werden nach individueller Angabe gefiltert und wahlweise als Karte oder als Daten zur Verfügung gestellt. Beim ersten Aufruf meldet sich Overpass mit dem Standardbildschirm und einer vorbereiteten Beispielabfrage. Nach einem Klick auf *Ausführen* wird die Beispielabfrage ausgeführt.

Beispielabfrage

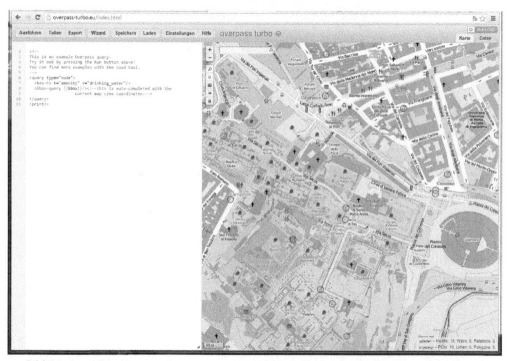

Bild 5.1: Startbildschirm von Overpass

Als Erstes fällt auf, dass das Fenster zweigeteilt ist: Links steht die Abfrage im XML-Format **(*)**, rechts befindet sich die Kartenanzeige. Darin sind die gefundenen Objekte mit blauen Kreisen markiert. Nach einem Klick auf einen Punkt wird ein Fenster mit den wichtigsten Eigenschaften eingeblendet: der Node mit ID, alle Tags und die Koordinaten. Ein weiterer Klick auf den Node fokussiert die Karte auf den Knoten und zeigt alle Tags in der Editierform.

5.1 Overpass

Bild 5.2: Eigenschaften eines gefundenen Knotens

Das Kartenbild kann beliebig verschoben oder gezoomt werden. Dabei werden keine zusätzlichen Objekte angezeigt, die nicht schon im ursprünglichen Bild enthalten waren. Mit den Reitern rechts oben kann zwischen der Kartendarstellung und der Darstellung der Daten im XML-Format (Bild 5.3) umgeschaltet werden.

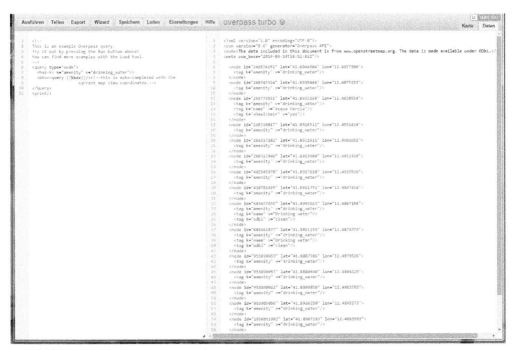

Bild 5.3: Startbildschirm mit Darstellung der Daten

In der Kartendarstellung wird ganz rechts unten die Anzahl der geladenen und der angezeigten Objekte angezeigt. Im Beispiel (Bild 5.1) sind 16 Nodes geladen und 16 POI angezeigt. Zum Einstieg soll die Suchabfrage ganz kurz erläutert werden. Eine genauere Beschreibung folgt anschließend.

```xml
<!--
This is an example Overpass query.
Try it out by pressing the Run button above!
You can find more examples with the Load tool.
-->
<query type="node">
  <has-kv k="amenity" v="drinking_water"/>
  <bbox-query {{bbox}}/><!--this is auto-completed with the
                 current map view coordinates.-->
</query>
<print/>
```

Die eigentliche Abfrage ist in `query` eingeschlossen. Es wird nach Knoten — `type="node"` — gesucht.

Die Knoten werden ausgewählt nach Schlüssel `k="amenity"` und Wert `v="drinking_water"`.

Schließlich wird noch die Datenquelle bestimmt. `{{bbox}}` bedeutet, dass nur die im Kartenausschnitt enthaltenen Elemente untersucht werden.

Abfragesprache

Wie im Beispiel schon zu erkennen ist, wird für das im Browser laufende Overpass als Sprache die XML-Notation verwendet. Im Internet ist unter dem Stichwort »XML Tutorial« weiterführende Literatur zur Sprache zu finden. Der grundlegende Formalismus wird hier vorausgesetzt, sodass nur noch die für die Abfrage notwendigen Elemente erklärt werden.

> **OverpassQL**
> Die Abfragen können auch in einer speziell für Overpass entwickelten Abfragesprache erstellt werden. Darauf soll hier nicht eingegangen werden. Im Editor können jedoch beide Versionen verwendet werden. Im Menü *Export/Abfrage* können die Versionen ineinander konvertiert werden.

Eine Overpass-Abfrage hat immer die gleiche Struktur:

- Zwischen den beiden Tags `<query type="...">` und `</query>` steht die eigentliche Abfrage. Als Wert für den `type`-Parameter können drei Angaben gemacht werden. `node` sucht nach Knoten, `way` allgemein nach Wegen und `relation` nach Relationen.

- Innerhalb der query-Tags wird spezifiziert, was gesucht werden soll. Die Form ist immer <has-kv k="..." v="..."/>. Für k (key) ist der Schlüssel anzugeben. Zum Beispiel amenity oder highway oder Ähnliches. Der Wert v (value) erhält den gesuchten Wert, zum Beispiel shop oder primary. In dieser Zeile liegt das Geschick für die Datenauswahl. In den folgenden Beispielen wird gezeigt, was hier alles machbar ist.

- In der nächsten Zeile folgt die Angabe, wo gesucht werden soll. Die einfachste Form ist <bbox-query {{bbox}}/>. Bitte die doppelten geschweiften Klammern beachten. Mit bbox ist gemeint, dass genau derjenige Kartenausschnitt heruntergeladen werden soll, der nebenan im Fenster gezeigt wird. Vor dem Ausführen kann dieser Ausschnitt beliebig eingestellt werden. Aber Vorsicht: Je nach Datenauswahl und Kartenausschnitt können das sehr viele Daten werden.

- Jetzt können noch an geeigneter Stelle Bemerkungen eingefügt werden. Ein Kommentar hat die Form <!-- Das ist ein Kommentar -->. Diese Kommentare werden von Overpass nicht bearbeitet. Sie dienen nur der eigenen Information. Wenn Sie eine gespeicherte Abfrage später nochmals verwenden wollen, können Sie leicht den Zweck erkennen.

Funktionen

Das Kartenbild enthält links oben einige Knöpfe zur Steuerung:

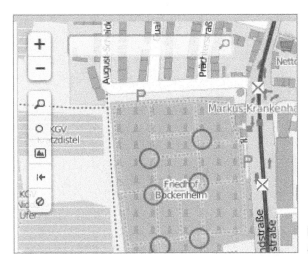

Bild 5.4: Steuerelemente auf der Karte

- **Plus** und **Minus** dienen zum Zoomen. Es funktioniert aber auch mit dem Mausrad.

116 5 Werkzeuge

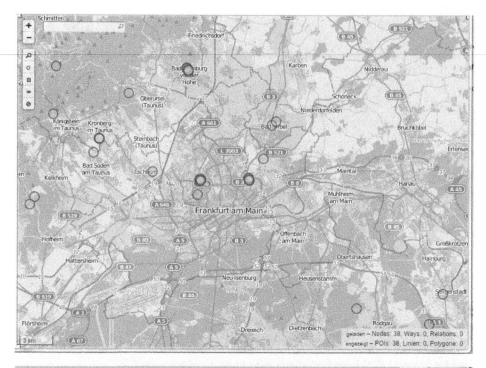

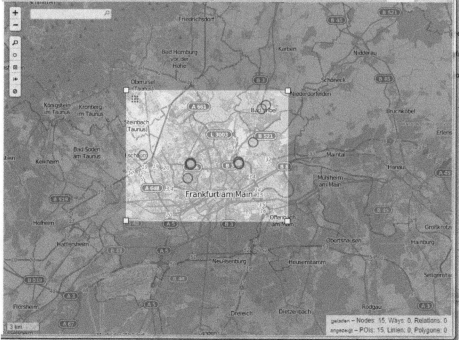

Bild 5.5: Oben der ursprüngliche Ausschnitt, unten der selektierte mit weniger Daten

In dem **langen Feld** mit der Lupe kann gesucht und auf den Suchbegriff zentriert werden:

- Das **Lupensymbol** zoomt auf den Kartenausschnitt mit den gefundenen Daten. Das ist vorteilhaft, wenn der Ausschnitt in der Zwischenzeit durch Zoomen oder Verschieben geändert wurde.
- Der **Kreis** springt zum Benutzerstandort. Beim ersten Aufruf kommt eine Rückfrage, ob das zulässig ist.
- Mit dem **viereckigen Kästchen** kann der Kartenausschnitt manuell selektiert werden. Die Datenauswahl bezieht sich jetzt nur noch auf den selektierten Ausschnitt, aber die ursprüngliche Ansicht bleibt erhalten.
- Links-/Rechts-Pfeil blendet den Editorteil ein oder aus.
- Der durchgestrichene Kreis blendet die gefundenen Daten ein oder aus.

In der oberen Fensterleiste sind alle Programmfunktionen angeordnet.

Bild 5.6: Funktionenleiste von Overpass

Ausführen

Mit diesem Knopf wird die im Editorfenster enthaltene Anweisung ausgeführt. Die Daten werden von der OSM-Datenbank entsprechend der Anweisung extrahiert und auf der Karte markiert.

Teilen

Die Abfrage und die zugehörige Karte können in Form eines Permalinks an jemand anderen weitergegeben werden. Als Adresse im Adressfeld des Browsers wird beim Empfänger die gleiche Ansicht geöffnet. Mit einem Klick im Teilen-Fenster auf das Wort *Link* in der ersten Zeile wird in der Adresszeile des Browsers ein sehr langer Link generiert, der zur Weitergabe geeignet ist. In dem Kästchen selbst steht jedoch ein kurzer Link mit dem gleichen Informationsgehalt zur Verfügung.

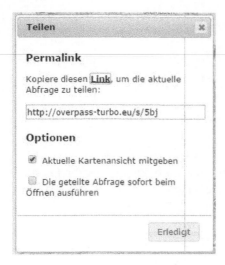

Export

Die Ergebnisse, die Karte und die Abfrage können in vielfältigen Formen exportiert werden.

Die Ergebnisse stehen unter anderem als GPX- oder KML-Daten (*) zur Verfügung. Auch in andere Formate können sie zur Weiterverarbeitung konvertiert werden.

Bei der Karte ist vor allem das PNG-Format interessant. Ohne weitere Hilfsmittel wie Bildschirmfoto oder ähnliche Werkzeuge entsteht so sofort ein genaues Abbild der Karte einschließlich der gefundenen Objekte. Die interaktive Karte ist eine Kopie des Originalbilds und entspricht dem Bild, das beim Teilen mit einem Permalink weitergegeben wird.

Die Abfrage aus dem Editor lässt sich in Textform darstellen. Sie kann auch nach Overpass-XML oder OverpassQL konvertiert werden.

Wizard

Der Wizard (Abfrage-Assistent) ist ein Helferlein, um Abfragen formgerecht zu formulieren. Dazu ist die Kenntnis der XML-Notation nicht unbedingt notwendig. Die Abfrage kann als Suchbegriff in normaler Sprache geschrieben werden. In Umgangssprache geht es natürlich nicht. Die in OSM verwendeten Attribute sollten schon bekannt sein.

Aus einer so formulierten Abfrage erstellt der Wizard eine vollständige Overpass-Abfrage in der XML-Notation. Im Beispiel sollen private Parkplätze gezeigt werden. In einem eingeschränkten Umfang werden sogar deutsche Begriffe verstanden und übersetzt. So wird aus Parkplatz `amenity=parking`. Es können alle deutschen Begriffe verwendet werden, die im Bearbeitungsfenster des iD-Editors sichtbar sind. Der Wizard versieht die Abfrage auch noch mit passenden Kommentaren (auf Englisch).

5 Werkzeuge

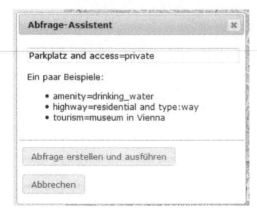

Bild 5.7: Assistent mit Auftrag

Der Auftrag liefert folgendes Ergebnis:

```
<!--
This has been generated by the overpass-turbo wizard.
The original search was:
"Parkplatz and access=private"
-->
<osm-script output="json" timeout="25">
  <!-- gather results -->
  <union>
    <!-- query part for: "Parkplatz and access=private" -->
    <query type="node">
      <has-kv k="amenity" v="parking"/>
      <has-kv k="access" v="private"/>
      <bbox-query {{bbox}}/>
    </query>
    <query type="way">
      <has-kv k="amenity" v="parking"/>
      <has-kv k="access" v="private"/>
      <bbox-query {{bbox}}/>
    </query>
    <query type="relation">
      <has-kv k="amenity" v="parking"/>
      <has-kv k="access" v="private"/>
      <bbox-query {{bbox}}/>
    </query>
  </union>
  <!-- print results -->
  <print mode="body"/>
  <recurse type="down"/>
  <print mode="skeleton" order="quadtile"/>
</osm-script>
```

Speichern

Gerade bei etwas ausführlicheren Abfragen ist es hilfreich, diese später wieder zur Hand zu haben. Mit einem sprechenden Namen können sie später schnell wieder geladen werden.

Bild 5.8: Abfrage speichern mit Auswahlliste

> **Speicherort**
> Wundern Sie sich nicht, wenn Sie im Explorer keine Datei des gewählten Namens auf Ihrem PC finden. Die Daten werden direkt im verwendeten Browser gespeichert. Das funktioniert ähnlich wie bei Cookies, aber in etwas anderer Form und mit größerem Speicherumfang.
> Die Beschränkung auf den Browser ist sicher eine Einschränkung. Ein Ausweg ist natürlich die Export-Funktion.

Laden

Die mit der Speichern-Funktion gesicherten Abfragen können sehr schnell wieder in das Editorfenster gebracht werden. Dort können sie auch gleich an etwaige neue Anforderungen angepasst werden.

Wie schon beim Speichern erwähnt, können nur Abfragen geladen werden, die auf dem gleichen Browser und im gleichen Fenster/Tab gespeichert wurden.

5 Werkzeuge

Bild 5.9: Gespeicherte Abfragen wieder laden

Einstellungen

Overpass bietet auch vielfältige Einstellmöglichkeiten. Für den Normalbetrieb reichen jedoch die Voreinstellungen voll aus.

Bild 5.10: Verschiedene Overpass-Einstellungen

Hilfe

Das Hilfefenster hält auf der Einstiegsseite interessante Links zu Overpass bereit. Um die Ergebnisse auf der Karte richtig zu interpretieren, bietet die Legende wichtige Informationen.

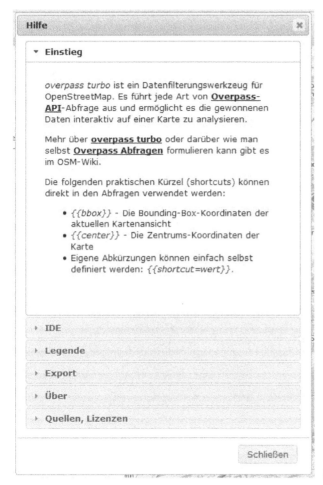

Bild 5.11: Hilfefenster

Abfragedetails

Im Editorfenster kann der Abfragetext direkt verändert werden. Die Beispiele haben schon einige Anregungen dazu gegeben. Einige Positionen sollen noch zusätzlich genannt werden.

5 Werkzeuge

Wo soll gesucht werden?

Die Zeile `<bbox-query {{bbox}}/>` spezifiziert als Suchgebiet das aktuelle Kartenfenster. Das Suchgebiet kann auch durch Koordinaten begrenzt angegeben werden. Für die Münchner Innenstadt kann die bbox-Angabe zum Beispiel durch die Angabe `<bbox-query e="11.582" n="48.141" s="48.130" w="11.570"/>` ersetzt werden. Die Grenzen bedeuten e = Osten, n = Norden, s = Süden, w = Westen. Die Reihenfolge muss eingehalten werden.

Was soll gesucht werden?

Im ersten Beispiel wurde nach genau einem Attribut gesucht, nämlich nach Trinkwasser (`<has-kv k="amenity" v="drinking_water"/>`). Es kann aber gleichzeitig nach zwei Attributen gesucht werden. Dazu werden die beiden Attribute in getrennten query-Blöcken angegeben. Beispiel:

Es sollen sowohl Fahrrad- als auch Autoparkplätze gesucht werden:

```
<!--
Hier werden Fahrradparkplätze und Autoparkplätze gesucht.
-->
<!-- Die folgenden Abfragen (query) werden vereinigt -->

<union>
  <!-- hole Fahrradparkplätze -->
  <query type="node">
    <has-kv k="amenity" v="bicycle_parking"/>
    <bbox-query {{bbox}}/>
  </query>
  <!-- hole Autoparkplätze) -->
  <query type="node">
    <has-kv k="amenity" v="parking"/>
    <bbox-query {{bbox}}/>
  </query>
</union>

<!-- Alle Ergebnisse werden zusammengefasst -->
<union>
    <item/>
    <recurse type="down"/>
</union>

<!-- Ausgabe -->
<print/>
```

Die beiden Abfragen nach Fahrrad- und Autoparkplätzen sind jeweils in einen query-Teil eingeschlossen. Damit sie beide zugleich selektiert werden, sind die durch den Tag `<union>` verbunden. Das entspricht der »und«-Verknüpfung. Die beiden Ergebnisse werden intern zunächst als `item` gespeichert. Zur Ausgabe werden sie nun mit `recurse` von oben nach unten (`"down"`) mit `<union>` zusammengefasst. Der `print`-Befehl gibt sie dann schließlich auf dem Bildschirm aus.

Verwendung

Mit Overpass können eigene Karten mit fast beliebigem Inhalt erstellt werden. Alles, was in der OSM-Datenbank gespeichert ist, kann auch selektiert werden. Hier wurde nur die Selektion von Knoten (»node«) beschrieben. Es kann aber auch nach Relationen (»relation«) und Straßen und Wegen (»way«) selektiert werden, und diese Selektionen können auch kombiniert werden. Hier besteht ein weites Betätigungsfeld. Wer sich ausführlich mit den Einzelheiten beschäftigen will, dem sei die englischsprachige Wiki-Seite `wiki.openstreetmap.org/wiki/Overpass_API/Language_Guide#Control_output_format` empfohlen.

5.2 QGIS

QGIS ist ein geografisches Informationssystem (GIS) zur Verarbeitung von Raster- und Vektordaten. Die Daten können bearbeitet und analysiert werden. Es können auch Karten erstellt werden. Neben vielen anderen Formaten können auch OSM-Daten verarbeitet werden. Dafür ist jedoch ein zusätzliches Plugin erforderlich, und es ist ein erhebliches Hintergrund- und Fachwissen zur Verarbeitung von Geo-Daten erforderlich.

Die Software steht unter `www.qgis.org/en/site/forusers/download.html` zum Download für Windows, Mac OS X und Linux zur Verfügung.

5.3 OpenCellID

Handyantennen fallen einem überall ins Auge. Sie sind wichtig, aber meistens unbeliebt. Technisch werden sie als Funkzellen bezeichnet.

OpenCellID will die Kennungen der Funkzellen des Mobilfunknetzes sammeln und allen Entwicklern unter einer freien Lizenz kostenlos zur Verfügung stellen.

5 Werkzeuge

Bild 5.12:
Handyantennen

Kartenansicht

Die Karte von opencellid.org zeigt die Standorte der Basisstationen des Mobilfunknetzes auf OSM-Kartenbasis. Bei genügender Zoomtiefe sind die einzelnen Zellen der Netzbetreiber zu sehen. Sonst sind die Zellen in Cluster zusammengefasst.

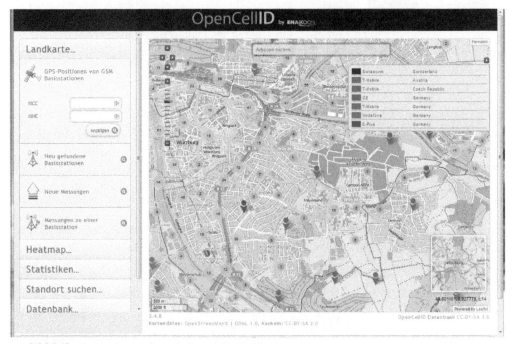

Bild 5.13: Karte mit einzelnen und verdichteten Basisstationen

5.3 OpenCellID

Für den gewählten Kartenausschnitt können gezielt Basisstationen gesucht werden. Das folgende Bild zeigt als Beispiel nur die Basisstationen von Vodafone für den Ausschnitt aus dem vorhergehenden Bild. Dazu sind anzugeben: MCC (Mobile Country Code) = 262 für Deutschland und MNC (Mobile Network Code) = 02 für Vodafone.

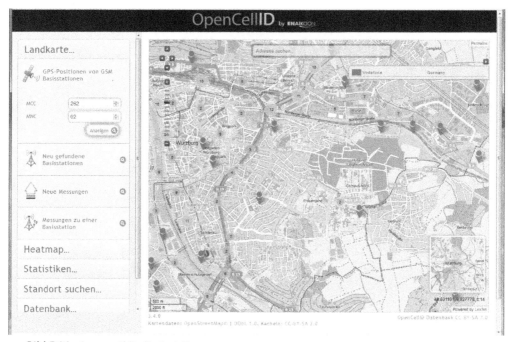

Bild 5.14: Ausgewählte Basisstationen

Vorteile

Jede Funkzelle des Handynetzes hat weltweit eine eindeutige Kennung, die Cell-ID. Diese ist dem Handynutzer nicht bekannt und kann auch nicht einfach ermittelt werden. Für die Netzbetreiber ist die Kenntnis, mit welcher Zelle ein Handy gerade verbunden ist, ein großer Wissensschatz. So können dem Nutzer auch ohne eine GPS-Ortung lokalisierte Dienste angeboten werden.

Im Sinne von OpenStreetMap sollen mithilfe der GPS-Daten die Cell-IDs gesammelt und in einer zentralen Datenbank verarbeitet werden. Mit speziellen Apps kann die Cell-ID aus den Handydaten ausgelesen und mit den ebenfalls empfangenen GPS-Daten verknüpft werden. Je mehr solcher Messungen durchgeführt werden, umso besser kann die geografische Lage der Funkzelle lokalisiert werden. In den letzten Monaten wurden monatlich mehr als 50 Millionen Messungen durchgeführt. Damit sind mehr als sechs Millionen Funkzellen lokalisiert. Das folgende Bild zeigt die Anzahl der Messungen in Deutschland für das erste Halbjahr 2014.

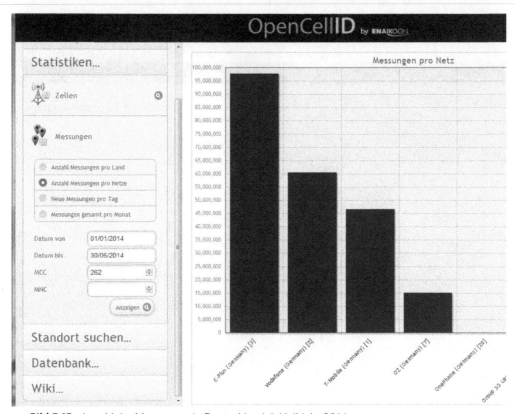

Bild 5.15: Anzahl der Messungen in Deutschland, 1. Halbjahr 2014

Vorgehensweise

Jeder Nutzer von CellID erhält einen sogenannten API-Schlüssel, mit dem er mit der Datenbank in Kontakt treten kann. Der Schlüssel ist ganz einfach mit dem folgenden Formular zu beantragen:

5.3 OpenCellID

Bild 5.16: Antrag für einen API-Schlüssel

Jetzt ist noch die App des passenden Stores herunterzuladen:

Bild 5.17: inViu OpenCellID für Android (links), Pollution für iPhone (rechts)

Sofort nach dem Start beginnt die App zu sammeln. In diesem Beispiel wird die Android-App verwendet. Im ersten Block befinden sich die Informationen aus der Mobilfunkverbindung, insbesondere die Cell-ID und der Netzbetreiber. Der zweite Block enthält die GPS-Daten für die aktuelle Position. Dann folgt die Statistik über die durchgeführten Messungen.

Bild 5.18: Die App inViu OpenCellID sammelt die Messungen (links) und sendet sie (rechts).

Wenn der Knopf *Zellen senden* gedrückt wird, überträgt die App die bis jetzt gesammelten Messungen an den Datenbankserver.

> **Reichweite**
> Die App sammelt nicht nur die Daten der Zelle, bei der das Handy angemeldet ist, sondern die Daten aller empfangbaren Zellen, also auch die von Zellen anderer Anbieter.

Aus der Datenbank können die Ergebnisse selektiv heruntergeladen werden. Zur Verfügung stehen die Basisstationen und auch die Messungen sowohl vollständig als auch als Differenzen zum vorherigen Stand. Die jeweiligen Datenformate sind dem Wiki (wiki.opencellid.org/wiki/Menu_map_view#database) zu entnehmen. Zur Vorbereitung bietet der Menüpunkt *Landkarte...* eine Suchauswahl für den Kartenausschnitt und den Zeitraum an.

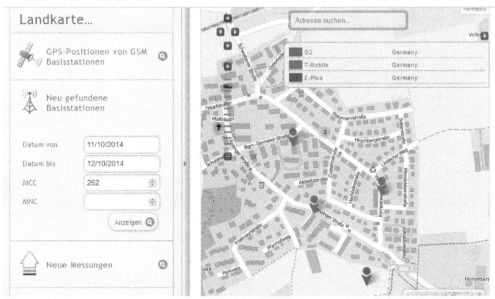

Bild 5.19: Gefundene Basisstationen von drei Providern

5.4 OSM Tools

OSM SlippyMap Generator

Die Seite `osmtools.de/easymap` ermöglicht es, eigene Karten mit verschiedenen Markern und anderen Angaben schnell und unkompliziert zu erstellen und als eigene Seiten zu verwenden. Der Reiter *Karte erstellen* zeigt ein Formular und ein kleines Vorschaubild. Das Formular ist zu großen Teilen selbsterklärend. Auf einige Einzelheiten soll aber doch hingewiesen werden.

Im Vorschaubild wird der passende Ausschnitt eingestellt. Mit *Aktuelle Kartenansicht übernehmen* kommen die Koordinaten und die Zoomstufe in die Eingabefenster. Die Einstellungen für Layer und Anzeigeelemente können in der Ausgangsstellung bleiben.

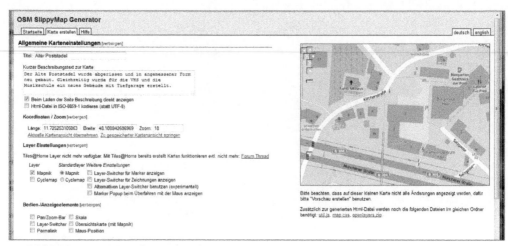

Bild 5.20: Grundeinstellungen mit dem Vorschaubild

Jetzt kommt die individuelle Gestaltung der Karte mit Markern und Zeichnungen:

Der neue Marker wird ausgewählt (*Icon auswählen*), erhält einen Namen und als *Inhalt* eine Beschreibung. Nach *Koordinaten wählen* kann in dem Vorschaubild der genaue Standort angeklickt werden. Diese Koordinaten erscheinen dann in den Eingabezellen. In gleicher Weise wird ein weiterer Marker gesetzt.

Als Polygon wird in das Vorschaubild das Planungsgebiet eingezeichnet. Farben, Linienstärke und Transparenz entsprechen den persönlichen Vorlieben. Nicht vergessen: Am Ende der Bearbeitung muss das Formular wieder geschlossen werden.

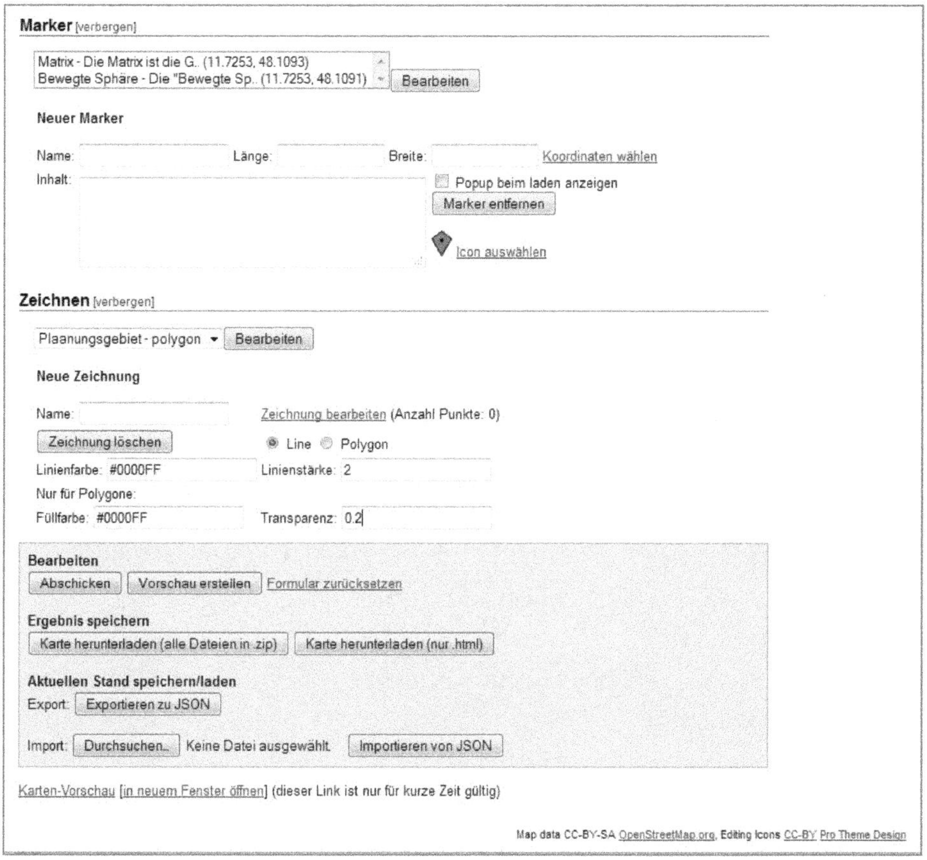

Bild 5.21: Marker und Zeichnungen einfügen

Mit *Vorschau erstellen* sollte nochmals kontrolliert werden, ob alles zur Zufriedenheit ausfällt. Dann das Formular *Abschicken*. Um das Ergebnis zu speichern, gleich wieder *Karte herunterladen*. Es empfiehlt sich, alle Dateien als ZIP-Datei auf dem PC zu speichern. Wenn die Seite mit dem Formular verlassen wird, gehen alle Eingaben verloren und können nicht wieder hergestellt werden.

Die heruntergeladene ZIP-Datei wird in einen beliebigen Ordner entpackt. Auch die darin enthaltene ZIP-Datei `openlayers.zip` muss entpackt werden. Nach dem Entpacken enthält die Datei `map.html` die Karteninformationen und kann im Browser angezeigt werden. Alle notwendigen Zusatzinformationen stammen aus den ebenfalls entpackten Dateien.

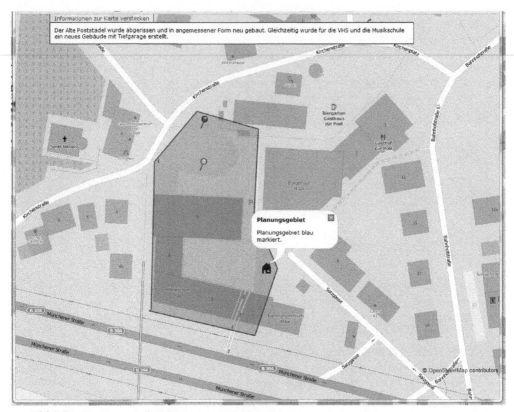

Bild 5.22: Die neu erstellte Karte

Beim Anklicken eines Markers erscheinen in einer Sprechblase der Name und die zugehörige Bemerkung.

5.4 OSM Tools

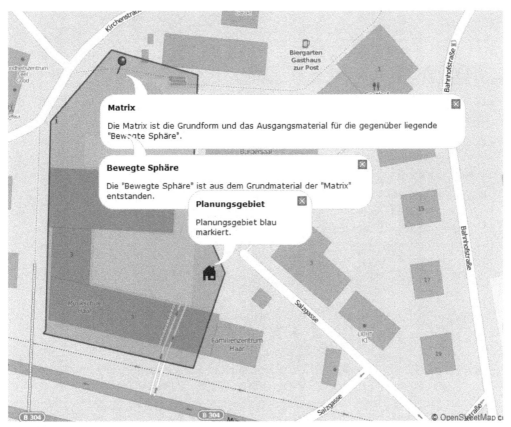

Bild 5.23: Marker mit Bemerkungen

Für die erstellten Karten und die Formularinhalte gibt es keinen Serverdienst. Für die Speicherung ist jeder selbst verantwortlich. Neben den Karten können auch die Formularinhalte als JSON-Datei gespeichert und wieder importiert werden. Die zugehörigen Befehle stehen in den beiden letzten Zeilen im Formular.

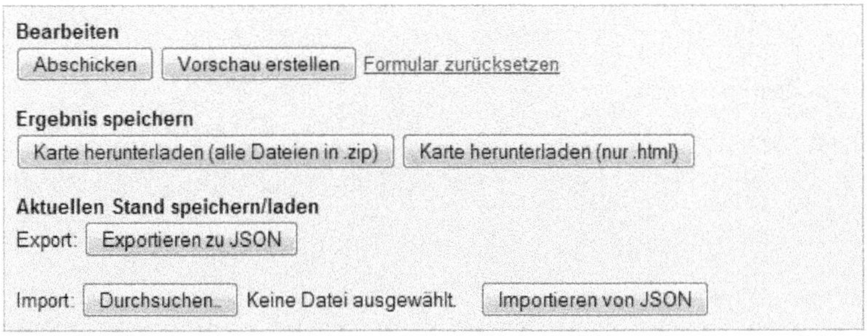

Bild 5.24: Möglichkeiten zum Speichern

5.5 Kosmos

Kosmos ist ein Tool zum Zeichen von Karten (Rendern). Die Karten haben als Basis die OSM-Datenbank. Es können Karten interaktiv erstellt und auch ausgedruckt werden. Die erzeugten Karten können aber nicht zu OSM hochgeladen werden.

Kosmos läuft auf neueren Windows-Versionen. Bei den Linux-Installationen sind Schwierigkeiten zu erwarten. Die letzte Windows-Version kann unter downloads.igorbrejc.net/osm/kosmos/Kosmos-latest.zip heruntergeladen werden.

Kosmos wird nicht mehr weiterentwickelt. Der Autor von Kosmos empfiehlt, künftig das Programm Maperitive zu verwenden. Dieses verbesserte Programm ist hier im folgenden Abschnitt beschrieben.

5.6 Maperitive

Maperitive (maperitive.net) ist ein Werkzeug, um eigene Karten zu erstellen. Das Basismaterial kann von der OSM-Datenbank geladen werden, aber auch andere Quellen sind möglich. Beim Start wird eine Karte angezeigt, wie sie von OSM bekannt ist. Nachdem zusätzlich Vektordaten geladen wurden, kann nach Regeln ein neues Kartenbild erstellt (gerendert) werden.

Es wird eine Anzahl bereits vorgefertigter Regeln bereitgestellt. Diese können nach eigenen Präferenzen angepasst oder ganz neu erstellt werden. Folgende Möglichkeiten bietet Maperitive (eine Auswahl):

- Anfertigen von Karten mit eigenem Inhalt und Stil
- Rendern von Höhenlinien und Schummerung
- Erstellte Karten als Bitmap-Dateien exportieren
- Automatisieren des Erstellens von Karten

Maperitive ist kostenlos und lizenzfrei. Es unterliegt der Open Data Commons Open Database Lizenz. Die erstellten Karten sind frei verfügbar, soweit es die Lizenz der Ursprungsdaten zulässt.

Installation

Die Software steht unter `maperitive.net/download/Maperitive-latest.zip` als gepackte Datei für Windows zur Verfügung. Sie ist zuerst in ein geeignetes Verzeichnis zu entpacken. Für die folgende Beschreibung wird angenommen, dass in den Ordner `D:\Maperitive` entpackt wurde. Dabei werden eine ganze Reihe von Dateien und Unterverzeichnissen angelegt, auf die zum Teil später noch eingegangen wird. In Windows muss das Programm nicht installiert werden. Der Start erfolgt direkt über die Datei `Maperitive.exe`. Zur Deinstallation genügt es, das komplette Verzeichnis zu löschen. Zur Installation unter Linux oder Mac OS sind Informationen bei `wiki.openstreetmap.org/wiki/DE:Maperitive` zu finden.

Erste Schritte

Nach dem Start zeigt sich Maperitive im Windows-Design mit einem Kartenbild, wie es von OSM bekannt ist. Im unteren Fensterteil ist unter »Commander« eine Liste der zuletzt ausgeführten Befehle zu sehen. Darunter folgt die Eingabezeile »Command prompt« zur Befehlseingabe. In der letzten Zeile stehen die Koordinaten des Kartenzentrums. Rechts wird die Datenquelle unter »Map Sources« angezeigt.

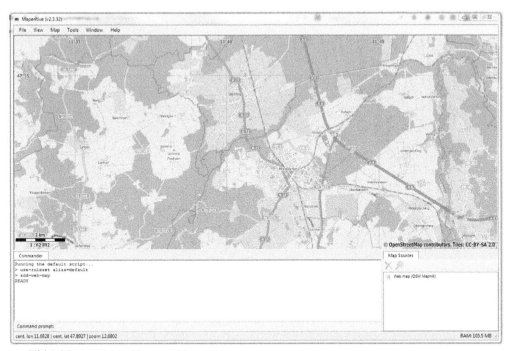

Bild 5.25: Startbildschirm von Maperitive

Zusammen mit dem Startbildschirm wird gleichzeitig ein Assistentenfenster geöffnet. Dieses enthält eine Dokumentation sowie eine Kommandoliste mit den möglichen Parametern. Zum Einstieg sehr gut geeignet sind die beiden Tutorials, die zwei beziehungsweise zehn Minuten dauern.

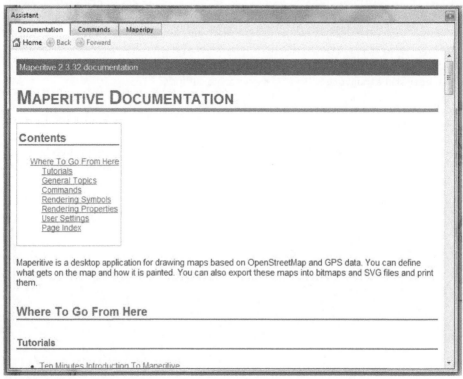

Bild 5.26: Fenster des Assistenten

Die Karte lässt sich wie üblich mit der Maus bewegen oder zoomen. Für das Zoom können auch die Plus- und die Minustaste verwendet werden.

Jetzt sollen einige schon vorgegebene Renderfunktionen ausgeführt werden. Die Karte stellen wir auf eine gebirgige Gegend ein, und zwar auf die Gegend um die Zugspitze herum. Aus dem Menü *Tools* wählen wir nacheinander die Funktionen:

❶ Generate Relief Contours = Höhenlinien

❷ Generate Hillshading (Standard) = Schummerung

Das Ergebnis ist im folgenden Bild zu sehen.

5.6 Maperitive

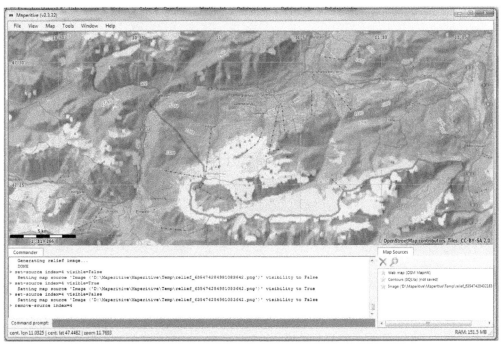

Bild 5.27: Höhenlinien und Schummerung sind eingefügt.

Gegenüber einer flachen OSM-Karte sehen wir jetzt ein Kartenbild, wie wir es aus einem physischen Atlas kennen. Das Commander-Fenster zeigt die durchgeführten Aktionen, und im kleinen Fenster rechts werden die erstellten Kartenteile angezeigt. Mit dem Sternchen können diese Teile ein- und ausgeblendet werden. Beim Herauszoomen werden die neuen Informationen nur für den ursprünglich gewählten Kartenausschnitt gezeigt. Der darin nicht enthaltene Kartenteil behält die ursprüngliche Ansicht.

Mit dem Kommando *Tools — Export To Bitmap* kann der im Augenblick sichtbare Kartenteil exportiert werden. Das Ergebnis wird in dem Ordner `Maperitive\Maperitive\output\` als Datei `output.png` angelegt. Siehe dazu aber auch den nächsten Abschnitt. Wahlweise ist auch ein Export als SVG-Datei möglich. Dabei wird das Bild aber in einzelne Kachel-Dateien zerlegt.

Weiteres Arbeiten

Mit den Menüs in der Kopfzeile sind die Arbeitsmöglichkeiten bei Weitem nicht ausgeschöpft. Die Kommandozeile ist ein tolles Hilfsmittel. Weil eine Suchfunktion wie in OSM fehlt, geht das Verschieben des Kartenausschnitts an eine völlig andere Stelle mit der Kommandozeile am schnellsten.

Kommandozeile

Ein Klick in die Kommandozeile oder die Enter-Taste aktivieren die Kommandozeile. Der Befehl `move-pos x=11.732 y=48.113` positioniert die Karte auf die angegebenen Koordinaten im Zentrum. Es sind Dezimalkoordinaten anzugeben. Bitte beachten: Das x steht für die geografische Länge und das y für die geografische Breite. Diese Reihenfolge muss eingehalten werden! Für nördliche Breite und östliche Länge kann das Vorzeichen entfallen. Der Befehl muss nicht in voller Länge eingegeben werden. Bereits nach ein bis zwei Buchstaben wird er automatisch ergänzt.

Maperitive hat natürlich eine Suchfunktion. Diese beschränkt sich aber auf den dargestellten Kartenausschnitt. Dafür ist sie sehr mächtig. Mit dem Befehl `find` in der Kommandozeile können Attribute entsprechend der OSM-Notation gefunden werden. Dabei ist die exakte Schreibweise zu beachten. Beispiele:

Befehl	Auftrag
`find addr:postcode="85540"`	findet alle Objekte mit Postleitzahl 85540.
`find [addr:postcode="85540" addr:housenumber="59"]`	findet alle Objekte mit Postleitzahl 85540 und der Hausnummer 59.

Suchbefehle

Im bereits erwähnten Assistentenfenster stehen unter *Commands* alle Befehle mit den erforderlichen Parametern zur Verfügung. In der Kommandozeile kann mit den Pfeiltasten in den zuletzt verwendeten Befehlen auf und ab geblättert werden.

Wenn nichts weiter vereinbart wird, verwendet Maperitive für alle Ausgaben und Speicherorte den oben angegebenen Standardordner. Es empfiehlt sich, stattdessen einen eigenen Ordner anzulegen, der an beliebiger Stelle im Dateisystem liegen kann. Der Autor verwendet den Ordner *Privat*. Er wird mit dem vollständigen Pfad mit dem Befehl `change-dir d:\Maperitive\Maperitive\Privat` angelegt.

Kartendaten

Die im Startbildschirm gezeigten Kartendaten sind nicht immer zur eigenen Bearbeitung geeignet. Es empfiehlt sich, neue Kartendaten zu laden. Diese können entweder direkt über Maperitive vom OSM-Server beschafft werden oder sie werden aus lokal vorhandenen Daten geladen.

Mit den Menüs *Map — Download OSM Data (Overpass API)* oder *Map — Download OSM Data (XAPI)* werden die aktuellen OSM-Daten als neue Ebenen geladen. Im Commander-Fenster wird der Erfolg angezeigt. Im Sources-Fenster können die Ebenen ein- oder ausgeblendet werden.

> **Datenumfang**
> Es werden ausschließlich die zum angezeigten Fenster gehörenden Daten heruntergeladen. Weil die Daten im Arbeitsspeicher gehalten werden, sollte nicht gleich die gesamte Bundesrepublik heruntergeladen werden.

Bereits lokal vorhandene Daten werden mit dem Befehl *File — Open Map Sources* geladen. Als Kommandozeile ist auch `open-sources` möglich. Als Datenformate werden OSM-XML oder PBF akzeptiert. Die XML-Daten können von OSM exportiert werden (Feld *Export* in der Kopfzeile) oder auch aus einer geeigneten Abfrage mit Overpass.

Regeln

Nachdem nun das Fenster eingerichtet und die Kartendaten geladen sind, kann die eigentliche Arbeit beginnen. Wir wollen ein individuelles Kartenbild erstellen. Aus den Rohdaten soll durch bestimmte Regeln das neue Kartenbild entstehen. Man nennt das Rendern. In diesen Regeln wird festgelegt, in welcher Form ein bestimmtes Attribut zum Beispiel `amenity=parking_bicycle` im Kartenbild dargestellt werden soll. Das könnte ein blaues Parkschild mit dem P und einem Fahrrad sein. In den Regeln müssen diese Definitionen für alle Attribute oder auch für Gruppen festgelegt werden.

Wie sieht nun eine Regel aus? Im Allgemeinen haben die Regeln sehr viele Zeilen. Aber immer bestehen sie aus den drei grundlegenden Sektionen:

- **features**:
  Hier werden allgemein die Eigenschaften für
  `areas`, zum Beispiel `bank : amenity=bank`
  `lines`, zum Beispiel `bridge foot : bridge=yes AND (foot=yes OR highway=footway)` und
  `points`, zum Beispiel `div : shop=doityourself`
  beschrieben.

- **properties**:
  Hier erscheint das Verhalten der zuvor definierten Eigenschaften. Speziell sind das die Schriften, zum Beispiel `font-family : Verdana` für die Schrift Verdana.

- **rules**:
  In den rules wird nun beschrieben, wie die ausgewählten Objekte in der Karte tatsächlich erscheinen sollen. Dieser Teil der Regeldatei nimmt naturgemäß den größten Raum ein, weil jedes Objekt im Aussehen beschrieben werden muss. Die Beschreibung für eine Hausnummer sieht zum Beispiel so aus:

```
target : housenumber
    define
            min-zoom : 17
            text : [[addr:housenumber]]
            text-halo-width : 0
```

```
        font-size : 8
        placement-value : 0.01
    draw : text
```

Es ist offensichtlich ein aufwendiges Unterfangen, eine Regel völlig neu zu schreiben. Viel einfacher gestaltet es sich, eine bereits vorhandene Regel den eigenen Vorstellungen anzupassen. Man könnte im dargestellten Beispiel für die Hausnummern die Größe des Umfelds auf `text-halo-width : 15` und die Schriftgröße auf `font-size : 12` ändern. Damit könnte man die Wirkung sofort erkennen.

Wie erfolgt eine solche Änderung, und wie wird sie wirksam?

Im Ordner *Rules* hat Maperitive bereits eine Anzahl von Regeln vorbereitet. Das oben genannte Beispiel stammt aus der Regel *Default.mrules*, die immer angewendet wird, wenn nichts vereinbart ist. Mit dem Befehl `edit-rules` wird die Default-Regel in einen Editor geladen.

> **Regeleditor**
> Als Editor sind nur Programme geeignet, die reine Textdateien verarbeiten, zum Beispiel "Editor" oder "WordPad". Vorsicht bei Word oder OpenOffice!

Die Default-Regel sollte immer unverändert bleiben. Deshalb die Datei erst einmal unter einem neuen Namen sichern, zum Beispiel als MeinDefault.txt. Jetzt kann man diese gesicherte Kopie nach Belieben ändern und sie dann in dem Ordner *Rules* speichern. Jetzt muss diese Regeldatei noch dem System bekannt gemacht werden. Dazu wird mit dem Befehl `use-ruleset location=rules/MeinDefault.txt as-alias=MeinDefault` ein Aliasname vergeben. Der Befehl `apply-ruleset` wendet die neue Regel dann an. Nach einer sehr kurzen Zeit hat Maperitive die Daten neu gerendert und zeigt das neue Bild.

5.6 Maperitive

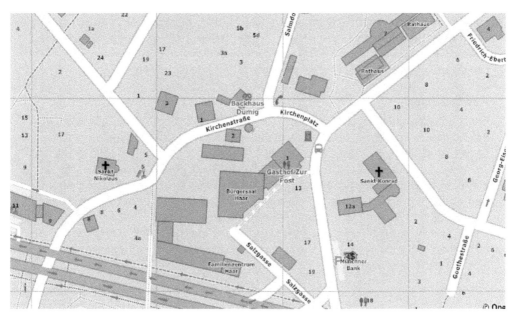

Bild 5.28: Kartenbild vor der Änderung

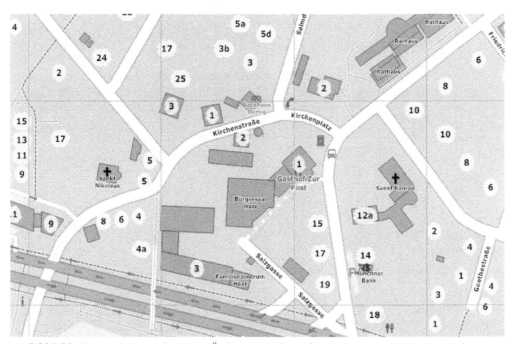

Bild 5.29: Die Ansicht wurde mit der Änderung der Regel für die Haunummern neu gerendert.

Wie man sieht, wurde die neue Regel verwendet. Die Hausnummern sind deutlich größer, und sie tragen jetzt einen Halo (*), der vorher nicht da war.

So kann man jetzt nach Belieben eigene Regeldateien erstellen, sie abspeichern und ihnen einen neuen Aliasnamen geben. Mit der Befehlsfolge use-ruleset alias=xxx und apply-ruleset können die verschiedenen Regeln zum Rendern verwendet werden. Dabei ist für xxx immer der gewünschte Aliasname einzusetzen.

Anwendungen

Das Anpassen erfordert natürlich eine gewisse Sorgfalt. Aber es ist außerordentlich befriedigend, wenn man auf einer Karte neue Informationen oder bereits vorhandene besser darstellen kann. Jedes in der OSM-Datenbank enthaltene Objekt kann dargestellt werden. Die bereits an anderer Stelle erwähnte Rollstuhlkarte etwa benutzt dieses Vorgehen. In der hier angewendeten Kartenansicht ist keine Rollstuhlinformation enthalten. Das liegt daran, dass die Default-Regel kein Attribut wheelchair beschreibt. Für Experimentierfreudige hält die Default-Regel viele Feinheiten bereit. Siehe zum Beispiel die if ... , elseif ...- und die for ...-Konstruktionen. Für fertige Icons gibt es bereits viele Vorlagen, so zum Beispiel bei svn.openstreetmap.org/applications/share/map-icons.

Wer es ganz komfortabel haben möchte, kann das Erstellen in eine Skript-Datei verlagern. Darin kann das Laden der eigenen Kartendaten, der Regeldatei und das Exportieren als Bild zusammengefasst werden.

5.7 Osmarender

Osmarender ist ein Programmsystem, um SVG-Karten aus den OSM-Kartendaten zu erzeugen. Aus den Primärdaten wird mithilfe von Regeln das Kartenbild gerendert. Da die Anwendung nicht mehr zeitgemäß ist, wird sie seit März 2012 nicht mehr gepflegt und auch nicht mehr offiziell angeboten. Auf der Kartenauswahl wird diese Form nicht mehr angeboten.

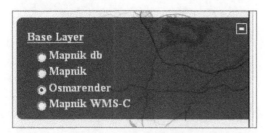

Bild 5.30: Alte Auswahl

Wer Osmarender noch auf seinem Rechner hat, kann es weiterhin verwenden, damit die aufwendig erstellten Regeln nicht verloren sind. Als Ersatz bietet sich Maperitive an.

5.8 Field Papers

Wie schon eingangs erwähnt, ist für das Arbeiten für OSM ein Blick auf die reale Welt äußerst wichtig. Zum Erfassen von Änderungen ist ein Notebook im Gelände aber oftmals beschwerlich, und bei einem Smartphone ist das Arbeiten auf dem (kleinen) Bildschirm nicht gerade einfach. Hier wäre es doch ideal, eine Papierkarte zu haben, in die man alles Wichtige eintragen könnte. Genau so etwas bietet Field Papers.

Sie erstellen eine Karte des Beobachtungsgebiets, drucken sie aus und tragen darin die Änderungen handschriftlich ein. Dann scannen Sie das ergänzte Papier (einschließlich des mitausgedruckten QR-Codes, der das Beobachtungsgebiet charakterisiert) — notfalls fotografieren Sie es —, laden das Bild in den PC und importieren es in JOSM. Schon haben Sie die Änderungen koordinatengenau im Programm. Eine tolle Lösung! Und so geht es:

Vorbereitungen

Über die Seite `fieldpapers.org` kommen Sie zur Homepage von Field Papers.

① Im linken Teil wählen Sie den eigenen Atlas aus *Make yourself an atlas*.

② Geben Sie einen Ortsnamen ein und die Karte positioniert auf den richtigen Ausschnitt. Im oberen Teil kann zwischen Hoch- und Querformat gewählt werden. Als

Quelle nimmt man natürlich OpenStreetMap. Gezoomt wird mit den runden Plus- und Minus-Knöpfen links.
Im Ausschnitt sind bereits zwei Blätter markiert. Dieser Ausschnitt kann mit dem runden Knopf links oben bzw. dem runden Knopf rechts unten verschoben werden. Mit den eckigen Knöpfen kann der Ausschnitt um weitere Blätter vergrößert oder verkleinert werden.

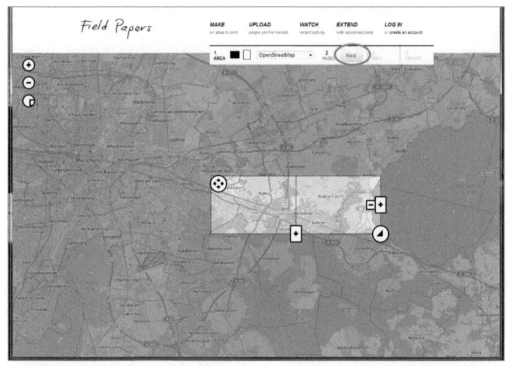

Bild 5.31: Kartenausschnitt wählen

③ Wenn der Kartenausschnitt richtig gewählt ist, geht es mit dem *Next*-Knopf weiter. Die Karte bekommt noch einen sprechenden Namen, und wieder geht es mit dem *Next*-Knopf weiter.

5.8 Field Papers

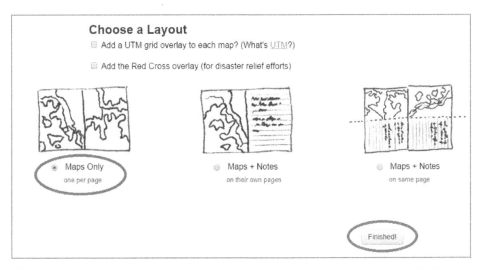

④ Das Layout *Maps Only* wird in den meisten Fällen das passende sein. Mit *Finished* wird dann die Karte erstellt. Je nach Serverbelastung kann das allerdings etwas dauern. Dann erscheint der ausgewählte Kartenausschnitt und kann als PDF-Datei heruntergeladen und gedruckt werden.

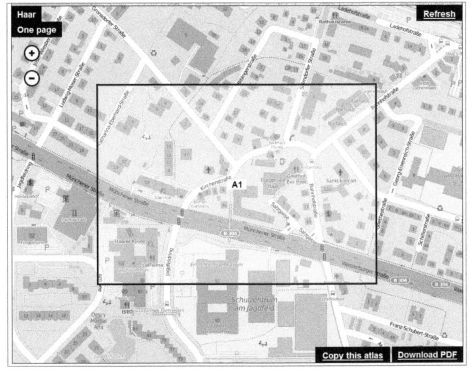

Bild 5.32: Markierten Kartenausschnitt herunterladen

5 Werkzeuge

❺ Der QR-Code enthält alle wichtigen Informationen zu der Karte. Die schwarzen Punkte dienen der Justierung beim späteren Scannen.

Die eigentliche Arbeit

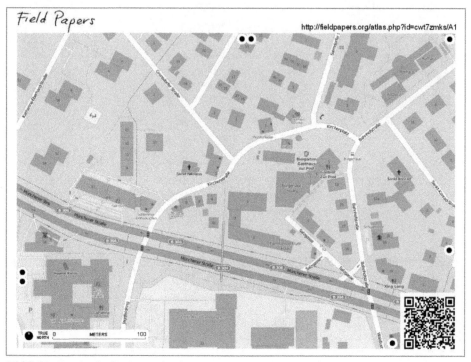

Bild 5.33: Das ist der Papierausdruck.

❶ Mit diesem Ausdruck kann jetzt direkt die Arbeit beginnen. Zeichnen Sie für Straßen Linien, für Gebäude Polygone oder Bemerkungen direkt auf das Papier. Wenn der Platz knapp ist, tragen Sie nur Nummern ein und halten die Ergänzung im Notizbuch fest.

❷ Zurück am heimischen PC wird das Blatt mit den handschriftlichen Eintragungen gescannt — mit dem QR-Code! Es genügt ein Foto mit guter Auflösung. Im folgenden Bild sind ein Friedhof und eine Tiefgarage rot markiert.

Erfahrungswerte:
Guter Scanner, Auflösung 200 dpi, nicht zu große Dateien, Schwarz-Weiß ist gut geeignet.

5.8 Field Papers

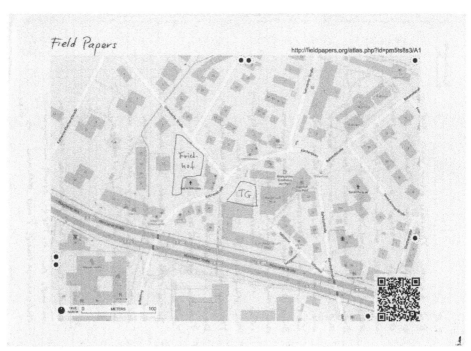

Bild 5.34: Karte mit handschriftlichen Eintragungen

❸ Das eingescannte Bild wird jetzt auf `fieldpapers.org` hochgeladen:

Hochladen
Hier kann es zu unerklärlichen Schwierigkeiten kommen. Die Gründe sind
nicht bekannt, und die Fehlermeldung ist leider nichtssagend.
Je nach Dateigröße kann das Hochladen auch etwas dauern. Bei zu großen
Dateien ist mit Timeout zu rechnen.

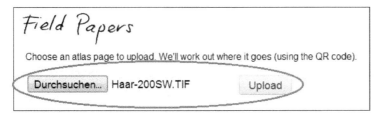

Bild 5.35: Bitte die Regeln der Seite beachten. Das Hochladen kann einige Zeit dauern.

④ Bevor die bearbeitete Karte in JOSM bearbeitet werden kann, muss in JOSM das Plugin Fieldpapers installiert werden: (*Bearbeiten — Einstellungen — Steckdose/Stecker — Suche Fieldpapers*). Das Plugin muss heruntergeladen und dann installiert werden. Die Menüleiste erhält dann ein neues Menü mit dem Namen »Field Papers«.

Bild 5.36: Das Plugin Fieldpapers

⑤ JOSM ist damit vorbereitet. Von `fieldpapers.org` kann jetzt die zuvor hochgeladene Karte bei *Watch — Snapshots* heruntergeladen werden.

Bild 5.37: Aktuelle Aktivität bei Field Papers

⑥ Unter den vielen Karten finden Sie sicher auch Ihre eigene. Mit einem Klick darauf wird diese vergrößert. Gleichzeitig ändert sich die Adresszeile des Browsers auf eine Adresse der Form `fieldpapers.org/snapshot.php?id=5htfzdpt#14/45.8312/8.0216`. Diese muss für den nächsten Schritt kopiert werden.

⑦ In JOSM öffnet sich bei *Field Papers — Gescannte Karte ...* ein Fenster, in das die zuvor kopierte Adresse einzufügen ist.

5.8 Field Papers

⑧ Wenn bis jetzt alles gut gegangen ist, steht die Karte mit Ihren Eintragungen und Änderungen zur Bearbeitung zur Verfügung.

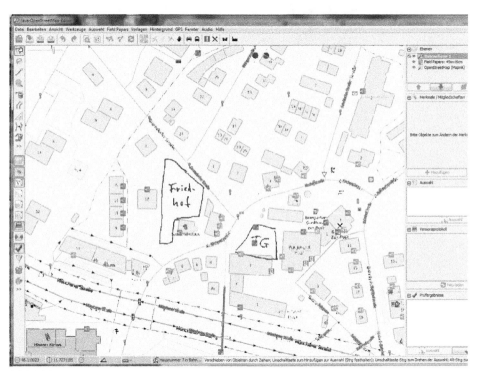

Bild 5.38: JOSM mit eingescannter Karte

⑨ In JOSM wird jetzt deckungsgleich mit der OSM-Ansicht die eingescannte Karte angezeigt. Wegen der Schwarz-Weiß-Kopie sind die Änderungen nur in Schwarz zu sehen. Zur besseren Darstellung sollte der Hintergrund ausgeblendet werden.

Fazit

Der Weg sieht beschwerlich aus und erfordert viele Einzelschritte. Wenn man jedoch etwas Übung hat und beim Scannen und Übertragen keine Probleme auftauchen, dann ist Paper Fields eine gute Sache. Beim Mappen ohne Hardware und ohne GPS-Signal gelangt man so schnell zu guten Ergebnissen.

5.9 Wikipedia

Das Wissensportal Wikipedia weiß auf jede Frage eine Antwort und ist jedem PC-Nutzer bekannt. Es ist kein Werkzeug zum Bearbeiten von OSM-Karten. Trotzdem hat es für OSM eine wichtige Funktion: Wenn Wikipedia als Antwort auf eine Suchfrage einen geografischen Ort findet, dann stehen direkt unter dem Suchfeld die Koordinaten dieses Objekts.

Bild 5.39: Koordinaten des Suchergebnisses in Wikipedia

Ein Klick auf diese Koordinaten öffnet ein Fenster von GeoHack (siehe auch im Abschnitt 4.8 zu »GeoHack«) mit zusätzlichen Koordinatenformaten und einer Vielzahl von Kartenanwendungen mit dem gefundenen Objekt im Fokus. Dabei stehen die OSM-Karten an erster Stelle. Das folgende Bild zeigt einen Ausschnitt des Ergebnisses der Koordinaten für den Begriff »Killesberg«.

5.9 Wikipedia

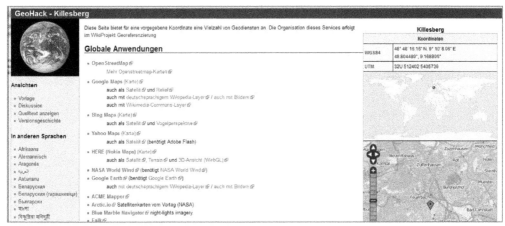

Bild 5.40: Ergebnis der Koordinatensuche

Vorsicht Suchtpotenzial
Die GeoHack-Seite verleitet dazu, sich in den vielen Kartenanwendungen zu verlieren. Bleiben Sie OSM treu!

Spezielles für Tablets und Smartphones

Diese Geräte haben unbestreitbare Vorteile. Sie sind klein, handlich, und man kann sie immer dabeihaben. Hinsichtlich der Speichergröße oder Prozessorleistung stehen sie kaum hinter einem PC oder Laptop zurück. Leider müssen aber gewisse Nachteile in Kauf genommen werden: Die Bildschirmgröße ist technisch bedingt nur beschränkt, und die Navigation auf dem Bildschirm ist nicht so präzise möglich wie mit einem Mauszeiger. Bei allen Geräten erfolgen das Verschieben mit einem Finger und das Zoomen mit zwei Fingern.

Es gibt viele Anwendungen und Kartendarstellungen, die speziell für Tablets und Smartphones konzipiert sind. Einige sollen nachfolgend vorgestellt werden.

```
Ansicht für mobile Geräte
Wenn eine URL der Form www.irgendetwas.org nicht richtig angezeigt
wird, dann lohnt sich immer ein Versuch mit der Adresse
m.irgendetwas.org.
```

6 Spezielles für Tablets und Smartphones

6.1 Open Touch Map

Hier handelt es sich um eine OSM-Karte der normalen Ansicht, die jedoch speziell für Smartphones und Tablets optimiert ist. Die Ansicht lässt sich mit einem Finger verschieben und mit zwei Fingern zoomen.

Für Open Touch Map gibt es keine App. Das Kartenbild kann im Browser unter www.opentouchmap.org oder bit.ly/1o8lGUm geladen werden.

Bild 6.1: Open Touch Map

Bild 6.2: Ansicht auf dem Tablet

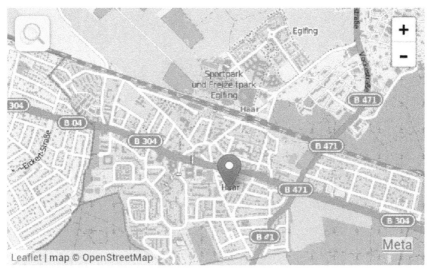

Bild 6.3: Ansicht auf dem Smartphone

6.2 komoot-Wanderkarten

 Mit der komoot-App können Sie sehr bequem Wander- oder Fahrradtouren planen. Die App ist im App Store und bei Google Play verfügbar.

Bild 6.4: komoot im Play Store

Nach der Installation ist eine Anmeldung erforderlich. Sie ist mit einer E-Mail-Adresse oder auch mit einem Facebook-Account möglich.

Bild 6.5:
Einstiegsseite von komoot

Nach der Anmeldung kann sofort eine Tour geplant werden. Das folgende Beispiel wurde auf dem PC geplant (`www.komoot.de`). Es ist eine Wandertour von Starnberg zum Kloster Andechs (siehe auch im Abschnitt 1.3 »Outdoorkarte«). Nach der Start- und Zieleingabe wird zunächst eine Übersicht der Tour angezeigt.

6.2 komoot-Wanderkarten

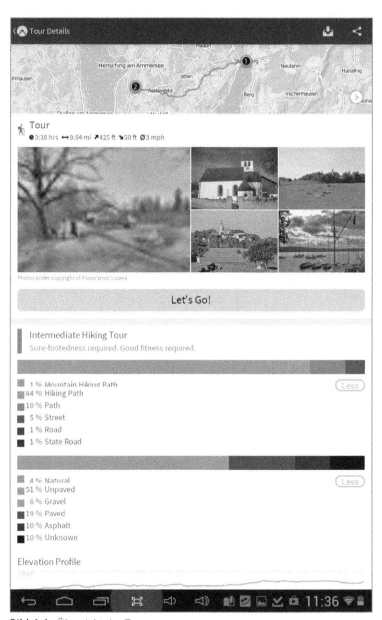

Bild 6.6: Übersicht der Tour

Der obere Teil der Anzeige enthält den Tourverlauf, dann folgen ausgewählte Bilder von Stationen unterwegs. Der blaue Balken zeigt die Straßenart (Weg, Straße usw.) und der rote Balken die Wegeoberfläche (Schotter, Asphalt usw.). Ganz unten sehen Sie noch das Höhenprofil.

Mit *Let's Go!* startet dann die Tour. Wenn der GPS-Empfänger eingeschaltet ist, folgt die Landkarte genau dem zurückgelegten Wanderweg. Die Navigation gibt dann akustisch Anweisungen zum Abbiegen und für Gefahrenhinweise. Eine Art Tacho gibt wahlweise Auskunft über die Geschwindigkeit (Durchschnitt, aktuell, Maximum) oder über die Zeiten (vergangen, gesamt, verbleibend). Mit dem kleinen Pfeil links unten im Bildschirm können aktuell POIs in die Karte eingeblendet werden.

In gleicher Weise kann die Tour auch auf dem Smartphone geplant werden. Die Planung auf dem PC ist zweifellos einfacher. Wenn sie abgeschlossen ist, wird die Tour einfach gespeichert und steht dann auch auf dem Smartphone zur Verfügung.

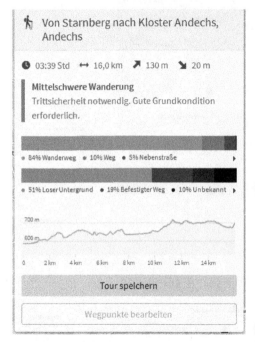

Bild 6.7: Geplante Tour wird gespeichert.

Regionen
komoot stellt beim Einstieg in die Tourenauswahl eine Region kostenlos zur Verfügung. Weitere Regionen müssen gekauft werden (zurzeit 3,59 € je Region).

6.3 Feuerwehrkarte

Die Feuerwehrkarte unter `m.openfiremap.org` ist speziell für die Anzeige auf Smartphones und Tablets optimiert.

Bild 6.8: Feuerwehrkarte auf dem Tablet

Die Kreise bezeichnen die Standorte von Hydranten; Feuerwehrhäuser oder Feuerwachen sind mit einem Häuschen-Symbol gekennzeichnet.

6.4 OsmAnd

OsmAnd ist eine Open-Source-Navigations-App für Android. Eine Beschreibung ist unter www.osmand.de verfügbar. Die Navigation kann sowohl online als auch offline (Vektor-/Rasterkarten) (*) genutzt werden.

Die kostenlose Version von OsmAnd für Android ist im Play Store verfügbar:

Für eine Offlinebearbeitung müssen die Karten heruntergeladen werden. Bei der kostenlosen Version sind bis zu zehn Karten kostenlos. Wenn ausschließlich online gearbeitet wird, müssen keine Karten heruntergeladen werden.

Offlinekarten

Bild 6.9: Startbildschirm (links) und Kartenauswahl (rechts)

Die Karteneinstellungen erreichen Sie über das Hauptmenü und *Einstellungen/Karten-Management*. Das folgende Bild zeigt eine typische OsmAnd-Karte.

- Mit dem Kompass-Symbol links oben kann die Kartenposition zwischen »Norden oben« und »in Bewegung« umgeschaltet werden.
- Rechts oben kann GPS ein- und ausgeschaltet werden. Das Symbol zeigt die Anzahl der gesehenen und der verwendeten Satelliten an.
- Rechts unten stehen die Zoomtasten — und +. Verschieben funktioniert mit einem Finger, Zoomen aber auch mit der 2-Finger-Methode.
- Links unten wird im oberen Feld die Kartendarstellung umgeschaltet. Das größere Feld führt zum Hauptmenü.

6.4 OsmAnd

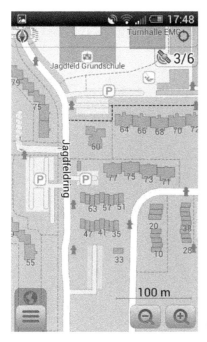

Bild 6.10: Typische Kartenansicht

Navigation

Seine Stärke spielt OsmAnd bei der Navigation aus. Es ist von großem Vorteil, dass weder zur Berechnung noch zur Führung eine Onlineverbindung notwendig ist. Als einzige Voraussetzung muss die Strecke innerhalb der geladenen Karten verlaufen.

6 Spezielles für Tablets und Smartphones

Bild 6.11: Navigation: Ziel auswählen (links), Route ist berechnet (rechts)

Um eine Strecke einzurichten, tippen Sie auf *Hauptmenü* (wenn nicht sichtbar, in die linke, untere Ecke tippen) und *Navigation*. Auf dem Wegweisersymbol in der unteren Leiste kann jetzt der Startpunkt gesetzt werden: aktueller Standort, ein als Favorit gespeicherter Standort oder ein in der Karte durch einen Klick ausgewählter Standort. In gleicher Weise wird das Ziel ausgewählt. Gegebenenfalls sind noch Zwischenziele einzufügen. Als Letztes ist noch die Verkehrsart (Auto, Fahrrad, Fußgänger) auszuwählen, und die Simulation kann gestartet werden.

Mit einem GPS-Signal führt einen nun das Smartphone, wie auf der Karte rechts oben zu sehen, auf dem Weg. Die Sprachausgabe ist ausschaltbar. Die Angaben auf der Ausgabe oben links und rechts sind konfigurierbar. Auf Wunsch wird automatisch zwischen Tag/Nacht-Darstellung umgeschaltet. Das Zoom der Kartendarstellung erfolgt geschwindigkeitsabhängig.

6.5 OruxMaps

  Die App OruxMaps gibt es als kostenlose Version für Android-Geräte im Play Store. Die App liefert sehr gute Routing-Ergebnisse. Vor allem können Karten offline über den PC erstellt und dann auf das Smartphone übertragen werden. Im Smartphone kann die übertragene Route online mit GPS-Unterstützung verfolgt werden.

Das Smartphone zeigt auf dem Display links und rechts große Werkzeugleisten. Wenn keine Aktion erfolgt, verschwinden sie nach kurzer Zeit. Über die kleinen blauen Balken können sie jederzeit wieder eingeblendet werden.

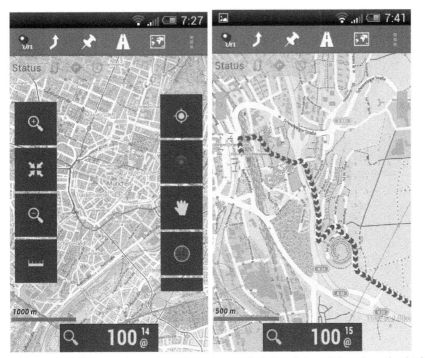

Bild 6.12: Kartendarstellug mit Werkzeugleisten (links), geladene Fahrradtour (rechts)

Offlinekarten laden

 Um Offlinekarten zu erstellen, ist das Programm »Mobile Atlas Creator« (MobAC) geeignet. Es ist kostenlos zum Beispiel bei www.heise.de/download zu erhalten. Nach dem Download und dem Entpacken wird es mit Mobile Atlas Creator.exe gestartet. Zum Betrieb muss natürlich das

aktuelle Java installiert sein. Gleich nach dem Start muss das Verzeichnis festgelegt werden, in dem auf dem PC die Karten abgelegt werden sollen. Außerdem muss das Kartenformat ausgewählt werden. Empfehlenswert ist das Format OruxMap Sqlite. Damit können einzelne Karten erstellt werden.

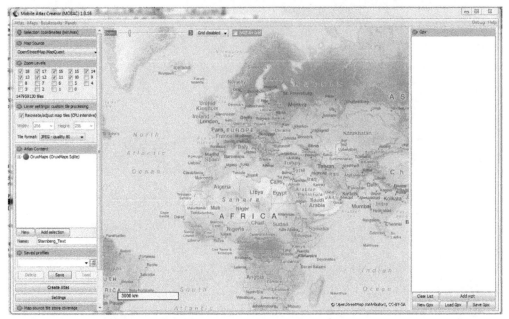

Bild 6.13: Startbildschirm von MobAC

Es empfiehlt sich, vor dem Arbeiten über *Settings* zwei Einstellungen vorzunehmen:

- Unter *Map Size* sollte der Wert für die maximale Kartengröße eingestellt werden.
- Unter *Network* sollte das Kästchen für *Ignore download errors ...* angehakt sein.

Der Kartenausschnitt kann mit der rechten Maustaste verschoben werden. Zum Zoomen dient der Balken am oberen Rand oder einfach das Mausrad. Mit der linken Maustaste wird nun der Kartenausschnitt als Rechteck ausgewählt, der auf das Smartphone geladen werden soll. Für den gewählten Kartenausschnitt wird beim Zoombalken das aktuelle Zoomlevel angezeigt. Im linken Fenster sollten zum Download mindestens dieses Level und die gewünschten höheren Zoomstufen eingestellt werden. Im folgenden Bild sind die Zoomstufen 11 bis 17 eingestellt. Je größer der Ausschnitt und je höher die Zoomstufe, desto mehr Daten müssen geladen werden.

6.5 OruxMaps

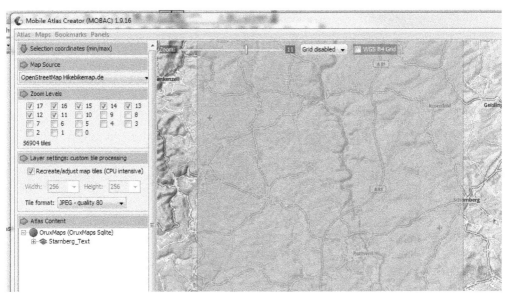

Bild 6.14: Auswahl und Zoomstufe

Jetzt ist im Fenster *Atlas Content* ein Name zu vergeben. Mit *Add selection* wird er übernommen und im Inhaltsfeld mit den gewünschten Zoomstufen angezeigt.

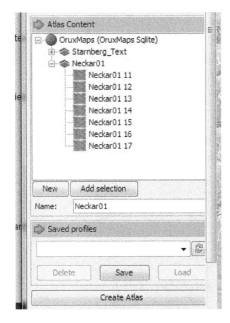

Bild 6.15: Neue Karte mit Zoomstufen

Nach einem Klick auf *Create Atlas* beginnt der Download. Je nach Datenmenge und Internetverbindung kann der auch mal etwas länger dauern. In einem Fenster wird der

Downloadvorgang angezeigt. Nach dem Abschluss steht die Karte in dem bereits zu Anfang festgelegten Verzeichnis zur Verfügung.

Offlinekarten auf dem Smartphone

Jetzt muss die Karte auf das Smartphone übertragen werden. Nach dem Anschluss des Smartphones an den PC wird im Explorer das Verzeichnis \oruxmaps\mapfiles gesucht. Dorthin kopieren wir die Karte (in unserem Fall "Neckar01").

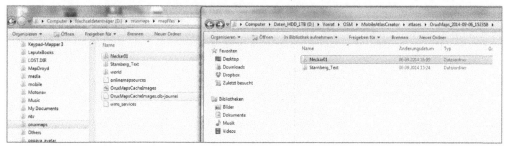

Bild 6.16: Kartendaten vom PC zum Smartphone kopieren

Jetzt steht die Karte im Smartphone zur Verfügung:

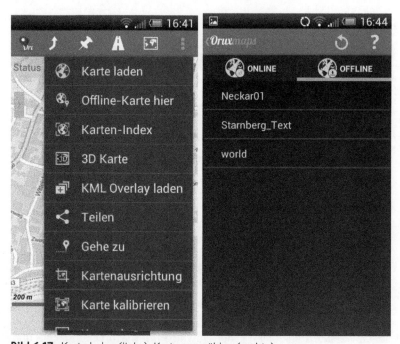

Bild 6.17: Karte laden (links), Karte auswählen (rechts)

6.5 OruxMaps

Die im vorhergehenden Bild gezeigten Menüs sind über den Knopf mit dem viereckigen Kartensymbol zu erreichen. Das folgende Bild zeigt die im Offlinemodus geladene Karte. Die links und rechts eingeblendeten Werkzeugleisten verschwinden nach kurzer Zeit. Es bleiben zwei kleine, blaue Rechtecke, über die die jeweilige Werkzeugleiste wieder eingeblendet werden kann.

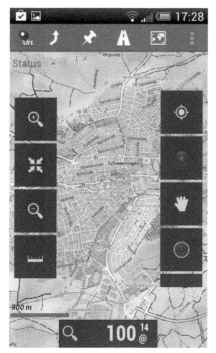

Bild 6.18: Karte mit Werkzeugleisten

Strecken erstellen

Auf der Seite GPSies (www.gpsies.com) gibt es bereits eine Vielzahl von fertigen Strecken. Beim Zoomen in die Karte erscheinen für eine Vielzahl von Strecken zuerst Wolken. Beim Weiterzoomen lösen sich diese auf in Icons für Wanderer, Radfahrer, Mountainbiker oder Motorradfahrer. Rechts neben dem Kartenbild erscheinen in einem Fenster alle Strecken, die im Kartenausschnitt liegen. Im folgenden Bild wird der Neckartalradweg von Villingen-Schwenningen nach Mannheim ausgewählt.

6 Spezielles für Tablets und Smartphones

Bild 6.19: Ein bekannter Radweg wird ausgewählt.

Die Darstellung ist sehr schön, leider lässt sich die Strecke so nicht auf das Smartphone laden. Es gibt aber eine Lösung: Im Register *Suchen* kann der Suchbegriff sehr detailliert eingegeben werden. Unterhalb der Karte werden jetzt alle gefundenen Ergebnisse für den Neckartalradweg angezeigt.

6.5 OruxMaps

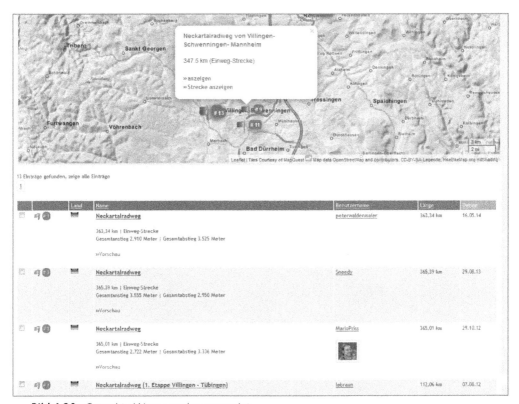

Bild 6.20: Gesuchte Wege werden angezeigt.

Nach einem Klick auf den Wegetitel werden die Einzelstrecke und weitere Optionen angezeigt. Jetzt kann die Strecke — zweckmäßigerweise als GPX Track — heruntergeladen werden. Sie steht dann auf dem PC im voreingestellten Verzeichnis zur Verfügung.

6 Spezielles für Tablets und Smartphones

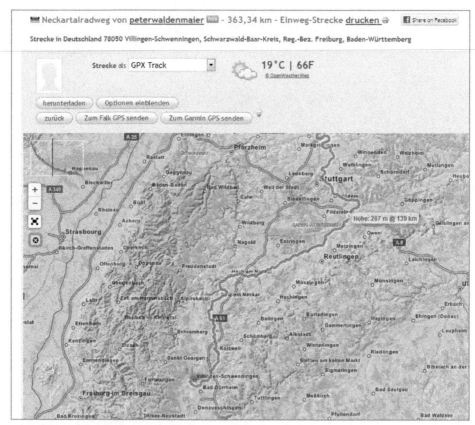

Bild 6.21: Die Strecke ist bereit zum Herunterladen.

Als Zugabe ist links oben ein Fenster mit dem Höhenprofil zu sehen. Wenn man mit dem Cursor am Profil entlangwandert, wird parallel dazu auf der Karte der Standort mit Kilometer und Höhe angezeigt.

Neben den vorgefertigten Routen ist es natürlich besonders interessant, eigene Routen zu finden. Auch das geht bei GPSies ganz einfach. Als Beispiel soll eine kleine Rundwanderstrecke auf dem PC gebildet werden:

Im Register *Strecke erstellen* werden einige Optionen eingestellt. Wenn das Feld *Wegen folgen* markiert ist, werden Querfeldein-Wege vermieden. Jetzt wird einfach die Strecke entlang der gewünschten Route mit der Maus angeklickt.

6.5 OruxMaps

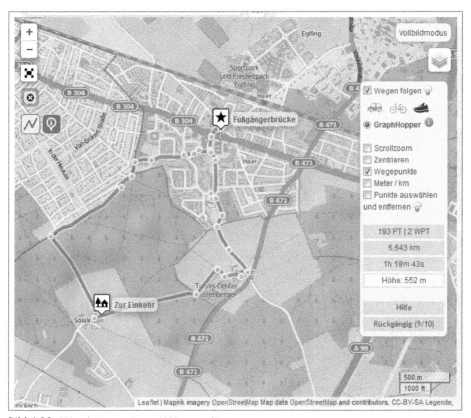

Bild 6.22: Wandertour mit zwei Wegepunkten

Im rechten Fenster ist die Länge der Tour abzulesen. Ausgehend von der in den Optionen eingestellten Geschwindigkeit wird die ungefähre Dauer der Tour berechnet.

Bei speziellen Wegepunkten können Zusatzinformationen hinterlegt werden.

Bild 6.23: Ein Wegepunkt auf dem PC (oben) und auf dem Smartphone (unten)

Wie bei den fertigen Routen muss auch die selbst erstellte Route heruntergeladen und gespeichert werden. Beim Übertragen auf das Smartphone ist jetzt das Verzeichnis \oruxmaps\tracklogs das Ziel.

Mit eingeschaltetem GPS führt nun das Smartphone den Wanderer auf der Karte und auch per Sprachausgabe den geplanten Weg entlang.

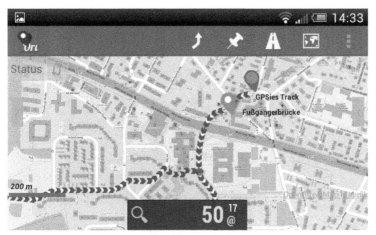

Bild 6.24: Die Tour kann auf dem Smartphone gestartet werden.

> **Handbuch**
> Wer sich näher mit OruxMaps beschäftigen will, dem steht unter oruxmaps.com/oruxmapshandbuch.pdf ein deutsches Handbuch zur Verfügung.

6.6 Vespucci

Vespucci ist ein vollständiger OSM-Editor für Smartphones und Tablets. Er ist im Play Store kostenlos erhältlich.

Vorbereitung

Beim Programmstart erscheint je nach Einstellungen eine Weltkarte oder der zuletzt geladene Kartenausschnitt. Für das Zoomen können entweder das Lupensymbol, die bekannte 2-Finger-Bewegung oder der Lautstärkeregler verwendet werden. Der Kartenausschnitt wird bequem mit dem Finger verschoben.

Bild 6.25: Startbildschirm von Vespucci (links) und das Menü zum Datentransfer (rechts)

Am oberen Bildrand zeigt ein rotes Schlosssymbol an, dass der Bildschirm zur Sicherheit fürs Editieren gesperrt ist. Mit einem Tipp darauf öffnet sich das Schloss und der Bildschirm ist zum Editieren freigegeben. Jetzt ist noch die Anmeldung zur OSM-Datenbank notwendig.

Zum Bearbeiten wird jetzt der passende Ausschnitt eingestellt. Bitte beachten: Nur der im Display angezeigte Kartenausschnitt kann nach dem Laden tatsächlich bearbeitet werden. Mit den Doppelpfeilen am unteren Rand kann der Download angefordert werden. Wegen des Fehlens von Maustasten geschieht das Bearbeiten mit den Symbolen am unteren Bildrand:

- **Weltkugel**: GPS-Optionen
- **Doppelpfeil**: Optionen zum Datentransfer
- **Schieberegler**: Optionen zur Einstellung der Ansicht
- **Werkzeug**: Optionen zum Hintergrund
- **Dreifachpunkte**: Suchen und Hilfe

Bearbeiten

Vespucci zeigt alle Elemente in der ausgewählten Karte. Um jeden Punkt wird ein Kreis angezeigt. Ein Tipp auf diesen Punkt selektiert ihn. Wenn — je nach Zoomstufe — mehrere Punkte in diesem Kreis liegen, erscheint eine Auswahlliste. Das gewählte Objekt wird zur Bearbeitung gelb markiert. Ein zweiter Tipp auf das gleiche Objekt oder auf das Bleistiftsymbol öffnet den Eigenschafteneditor. Hier können die Attribute geändert, gelöscht oder hinzugefügt werden.

Bild 6.26: Bearbeiten der Attribute

Zum Löschen eines Attributs klickt man einfach auf das Kreuz links neben dem Eintrag. Das ABC-Kästchen blendet eine Vorlage für häufig verwendete Attribute ein, die in einer zweiten Stufe noch verfeinert werden kann.

Bild 6.27: Häufig verwendete Attribute

Das ABC-Kästchen mit dem Pluszeichen blendet eine Textliste der hier möglicherweise passenden Attribute ein. Mit der Auswahl wird das gewählte Attribut direkt in das Objekt übernommen. Mit den stilisierten Doppelseiten werden zum schnellen Bearbeiten die zuletzt verwendeten Vorlagen eingeblendet. Ein Tipp darauf fügt sofort alle passenden Schlüssel ein, die nur noch mit Werten befüllt werden müssen. Mit dem Umkehrpfeil können die Vorlagen auch wieder zurückgesetzt werden.

Bild 6.28: Verwendete Vorlagen sind eingeblendet.

In dem im Beispiel ausgewählten Haus soll jetzt ein Eingang gesetzt werden, d. h. es ist ein Punkt einzufügen. Dazu drücken Sie an der passenden Stelle etwas länger auf das Display. An dieser Stelle erscheint jetzt ein Fadenkreuz. Mit dem Kästchen »42« wird der neue Punkt gelb markiert, und gleichzeitig werden die Attribute des Hauses und ein Vorschlag für den neuen Punkt eingeblendet. Vespucci schlägt hier gleich das passende Attribut entrance = yes vor.

Bild 6.29: Fadenkreuz am einzufügenden Punkt (links), Attributliste (rechts)

Ein Tipp auf das Vespucci-Logo schließt das Menü und speichert den Punkt lokal. Jetzt kann der ausgewählte Punkt noch weiter mit den Knöpfen am Bildrand bearbeitet werden.

- **Bleistift** blendet die Attributliste ein.
- **Doppelblatt** kehrt zum Standardmenü zurück.
- **Schere** schneidet zum Kopieren aus.
- **Papierkorb** löscht den Knoten, dies kann mit dem Rückwärtspfeil rückgängig gemacht werden.
- **Drei Punkte** blendet ein weiteres Menü ein, zum Beispiel mit Koordinaten.

6 Spezielles für Tablets und Smartphones

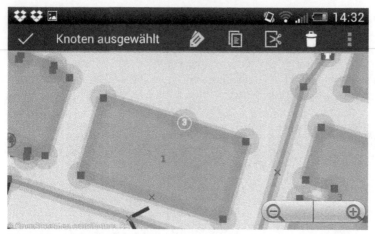

Bild 6.30: Ausgewählter Knoten mit weiteren Bearbeitungsmöglichkeiten

Jetzt muss die Änderung natürlich noch zum OSM-Server hochgeladen werden. Dazu dient der Knopf mit dem Doppelpfeil. Zur Kontrolle werden alle Änderungssätze nochmals angezeigt. Die beiden Datenelemente *Kommentar* und *Quelle* sollten unbedingt ausgefüllt werden. So können andere Mapper den Grund der Änderung erkennen.

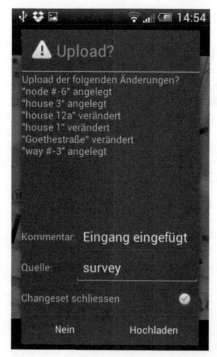

Bild 6.31: Geänderte Daten sollen hochgeladen werden.

6.6 Vespucci

So wie im Beispiel können Elemente (Knoten) an beliebigen Stellen eingefügt werden, das gilt auch für neue, ohne eine Verbindung zu vorhandenen Objekten. Es genügt, einige Zeit auf die gewünschte Stelle zu drücken und die erforderlichen Attribute einzusetzen. Zum Löschen wird einfach ein Element markiert und dann der Papierkorb ausgewählt. Mit dem Umkehrpfeil können Aktionen jederzeit rückgängig gemacht werden.

GPS-Optionen

Vespucci ist nicht nur ein Editor, sondern auch ein ausgezeichnetes Werkzeug zur Aufzeichnung und Bearbeitung von GPS-Daten. Natürlich muss das Smartphone mit GPS ausgerüstet und dieses auch eingeschaltet sein. Mit der stilisierten Weltkugel wird das umfangreiche GPS-Menü erreicht.

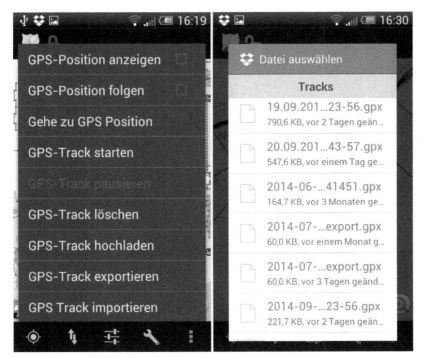

Bild 6.32: Das GPS-Menü (links) und die Auswahlliste (rechts)

Die Menüpunkte sind selbsterklärend und bedürfen eigentlich keiner weiteren Beschreibung. Beim Importieren eines Tracks sollte man allerdings wissen, in welcher Gegend der Track aufgezeichnet wurde. Der Track wird in jedem Fall exakt in die Karte geladen. Der aktuell dargestellte Ausschnitt wird dabei nicht beachtet, und die Karte wird auch nicht automatisch zum Track positioniert. Der Track befindet sich also möglicherweise weit außerhalb des dargestellten Kartenausschnitts und auch außerhalb des bearbeitbaren Ausschnitts.

Bild 6.33: Der Track liegt außerhalb des bearbeitbaren Bereichs.

6.7 OSM-Tracker

  Der OSM-Tracker zeichnet mit GPS-Unterstützung Tracks auf und speichert sie. Das Besondere an ihm ist, dass man unterwegs gleich Wegepunkte mit einem Klick aufzeichnen kann. In einem Menü stehen neun Kategorien mit jeweils bis zu zwölf Unterkategorien zur Verfügung. Zusätzlich können Sprachaufnahmen, Fotos und Textnotizen als Wegepunkte eingetragen werden.

Der aufgenommene Track mit seinen Wegepunkten kann als GPX-Datei gespeichert werden. Er steht damit zur weiteren Bearbeitung — zum Beispiel mit JOSM — zur Verfügung.

6.7 OSM-Tracker

Bild 6.34: Wegepunkte: Kategorien (links) und das Untermenü (rechts)

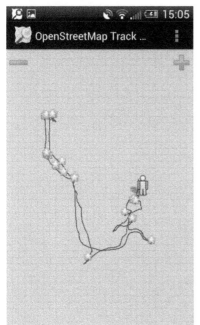

Bild 6.35: Ein Track mit eigenen Wegepunkten

Auf dem Smartphone werden die Daten im Verzeichnis `osmtracker` gespeichert. Je nach Einstellung kann für jeden Track ein eigener Ordner angelegt werden. Beim Laden in den JOSM (mit *Strg + O*) wird die GPX-Datei automatisch in zwei verschiedene Dateien aufgeteilt. Das folgende Bild zeigt diese Datei-Aufteilung: In der oberen Zeile die per GPS aufgenommenen Wegedaten. Die zweite Zeile zeigt die Datei mit den manuell eingetragenen Wegepunkten wie zum Beispiel Ampeln oder Einrichtungen.

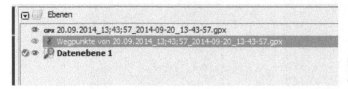

Bild 6.36: In JOSM aufgespaltene GPX-Datei

In der JOSM-Darstellung werden die eigenen Wegepunkte leider nicht mit dem Symbol, sondern mit dem hinterlegten Klartext angezeigt. Allerdings sind sie auf dem dunklen Hintergrund auch nur schwach zu erkennen.

Der Track kann auch direkt in die OSM-Datenbank hochgeladen werden. Dazu ist aus der Liste der aktuelle Track auszuwählen. Im Menü kann dann die Option *Upload zu OpenStreetMap* ausgewählt werden.

Bild 6.37: Zur OSM-Datenbank hochladen

6.8 Apps für Windows Phone

Nicht nur für Android, sondern auch für Windows Phone werden diverse Apps zum Zugriff auf OpenStreetMap-Kartenmaterial angeboten.

xMaps

xMaps zeigt OSM-Kartenmaterial auf dem Windows Phone an. Dabei wird die eigene Position ausgewertet, daraus auch die Geschwindigkeit ermittelt und optional die Karte in einer Schrägansicht in Bewegungsrichtung gedreht.

xMaps verfügt über einen integrierten Routenplaner, mit dem sich die Route vom eigenen Standort bis zu jedem beliebigen Punkt ermitteln lässt. Umgekehrt kann man per GPX-Datei (GPS Exchange Format, ein Datenformat zur Speicherung von aufgezeichneten GPS-Daten) eine Fahrt oder auch eine sportliche Tour zu Fuß oder mit dem Fahrrad aufzeichnen und später zu Hause in Ruhe noch einmal ablaufen lassen.

Bild 6.38: Kartendarstellung und Routing in xMaps

6 Spezielles für Tablets und Smartphones

Leider verwendet xMaps eine sehr gewöhnungsbedürftige und für das Windows Phone gar nicht typische Benutzeroberfläche.

NaviComputer

NaviComputer ist eine Karten- und Tracking-App für Wanderer, Bergsteiger, Biker und andere Outdoor-Enthusiasten.

Mit der App lassen sich beliebige Kartenausschnitte von OSM herunterladen und auch im Ausland oder in Regionen ohne Mobilfunknetz-Empfang offline nutzen.

NaviComputer kann Routen im Hintergrund aufzeichnen und im GPX-Format abspeichern sowie GPX-Dateien auf dem Windows Phone importieren, wenn man zum Beispiel eine auf einer Webseite beschriebene Route nachlaufen möchte.

Bild 6.39: Mit NaviComputer kann man eigene Tracks mit dem Windows Phone aufzeichnen und auf einer OSM-Karte offline anzeigen.

Zusätzlich zur App wird bei www.navicomputer.com ein Windows-Programm angeboten, mit dem sich auch topografische Karten herunterladen und auf das Windows

6.8 Apps für Windows Phone

Phone übertragen lassen. Weiterhin bietet das Programm die Möglichkeit, aufgezeichnete Tracks auf den PC zu synchronisieren, um sie dort anzuzeigen oder auszuwerten.

Multi Map

  Multi Map ist eine vergleichsweise einfache App zur Anzeige von OSM-Karten. Sie bietet aber verschiedene Kartendarstellungen zur Auswahl. Diese unterscheiden sich in der Darstellung sowie in zusätzlichen Inhalten. OpenCycleMap ist zum Beispiel eine spezielle Kartendarstellung für Radfahrer, auf der auch markierte Fernradwege eingetragen sind. Weiterhin lassen sich auch die Satellitenbilder von bing in Multi Map darstellen.

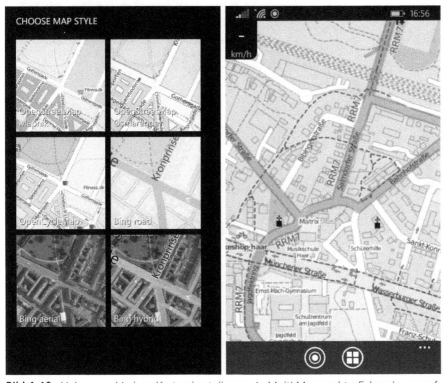

Bild 6.40: Links: verschiedene Kartendarstellungen in Multi Map, rechts: Fahrradwege auf OpenCycleMap

Geldautomaten Online

In einer fremden Stadt einen Geldautomaten zu finden, ist nicht immer einfach, besonders wenn dieser zu einer bestimmten Bank gehören soll. Die App Geldautomaten Online liest die Standorte von Geldautomaten aus der OSM-Datenbank und zeigt sie über Augmented Reality (*) in einem Kamerafenster an. So findet man sie leicht, wenn man durch die Straßen läuft. Zusätzlich kann man sich auch auf einer Karte mit Wegbeschreibung zu einem Geldautomaten führen lassen. Zur Darstellung der Karte kann die auf Windows Phones vorinstallierte bing-Kartenanwendung oder eine App eines Drittanbieters mit OSM-Kartenmaterial genutzt werden.

Bild 6.41: Geldautomat im Kamerabild (links) und im Routenplan (rechts)

Der gleiche Hersteller bietet noch eine weitere App an, die nach dem gleichen Prinzip öffentliche Toiletten findet. Voraussetzung für beide Apps ist natürlich, dass in der jeweiligen Region die entsprechenden Daten in OSM erfasst sind.

6.9 Besonderheiten für Windows-Tablets

Auf Windows-Tablets mit Windows 8.1 oder Windows RT lässt sich OSM ebenfalls nutzen, allerdings ist eine Besonderheit zu beachten: Die Seiten www.openstreetmap.de und www.openstreetmap.org verwenden unterschiedliche Technologien. Auf www.openstreetmap.de lässt der vorinstallierte Internet Explorer kein Verschieben der Karte per Touchscreen zu. Hier wird immer das ganze Browserfenster verschoben. Nutzen Sie also auf Windows-Tablets immer www.openstreetmap.org. Hier stehen rechts die Navigationselemente zum Zoomen und Teilen sowie die Layerauswahl und die Legende zur Verfügung.

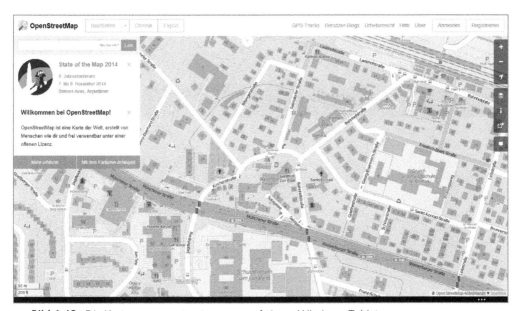

Bild 6.42: Die Karte von openstreetmap.org auf einem Windows-Tablet

Wegen fehlender Java-Unterstützung können die Editoren und auch diverse Spezialkarten auf Windows-Tablets nicht verwendet werden.

Vectorial Map lite

Vectorial Map lite ist eine App zur Darstellung von OSM-Karten offline auf Tablets und PCs mit Windows 8.1 oder Windows RT. Auf diese Weise lassen sich die Karten auch in Regionen ohne Internetzugang mitnehmen.

Die App kann im Windows Store kostenlos heruntergeladen werden. Die Verwendung von OSM-Kartenmaterial ist ebenfalls kostenlos. Topografische und Wanderkarten können zusätzlich kostenpflichtig heruntergeladen werden.

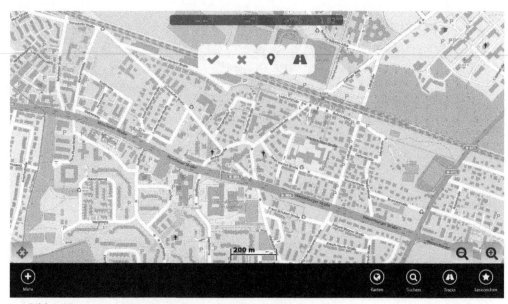

Bild 6.43: Vectorial Map lite auf einem Windows-Tablet

Vectorial Map lite bietet die Möglichkeit, Wegepunkte oder Lesezeichen auf der Karte zu setzen, was in der Browserversion von OSM nicht möglich ist. Online ist auch ein Routing möglich. Diese Routen können in den Formaten GPX und KML gespeichert und auch aus anderen Programmen importiert werden.

Einbinden in Webseiten

Für viele Webseiten ist es ein großer Vorteil, eine Karte mit zusätzlichen Inhalten direkt einzubauen. Manche Kartendarstellungen bieten dafür mehr oder weniger komfortable, bereits angepasste Lösungen.

Auf der Seite von Softwarehandbuch (`www.softwarehandbuch.de`) finden Sie unter der Kategorie *OpenStreetMap*) Beispiele von OSM-Karten, die hier in diesem Buch behandelt werden.

7 Einbinden in Webseiten

Bild 7.1: OpenStreetMap-Karte in die eigene Webseite eingebunden (*www.softwarehandbuch.de/iconmap-2*)

7.1 Technik

Auf seiner Webseite möchte ein Anbieter zum Beispiel seinen Standort auf einer Landkarte anzeigen. OSM-Karten sind dazu hervorragend geeignet. In die Original-Webseite wird an der entsprechenden Stelle ein Codeschnipsel eingefügt. Dafür gibt es zwei Möglichkeiten, die von vielen Seiten bereits angeboten werden:

iFrame

Wird auch als Inline-Frame bezeichnet. Ein iFrame ist ein festes Fenster innerhalb einer Webseite. Der Browser kann auf die Größe des iFrames nicht einwirken. Sie ist vom Ersteller fest vorgegeben. Ein iFrame hat immer das folgende Format.

```
<iframe src="http://meiniframe/" height="300" width="500"></iframe>
```

Der Teil `meiniframe` steht für die einzufügende URL. `height` und `width` stehen für die Höhe und Breite des Fensters in Pixel.

Frame

Mit einem Frame wird ebenfalls ein Fenster in eine Webseite eingebaut. Im Gegensatz zum iFrame wird der Frame sozusagen Teil der übergeordneten Seite. Er kann aber unabhängig vom Rest der Seite gescrollt werden. Ein Frame hat immer das folgende Format:

```
<object width="800" height="600" data="meinframe"</object>
```

Der Teil `meinframe` steht für die einzufügende URL. `height` und `width` stehen für die Höhe und Breite des Fensters in Pixel.

Für umfangreiche Webseiten empfiehlt sich der iFrame. Durch seine feste Verankerung kommt er nicht oder kaum mit anderen Teilen der Seite in Konflikt. Außerdem kann der umgebende Teil der Seite schon dargestellt werden, während der iFrame noch geladen wird.

7.2 Anwendungen

Hier folgen nun einige Beispiele, wie OSM-Karten vorbereitet und dann in eine bereits bestehende Webseite eingebettet werden. Die Beispiele sind auf der Seite www.softwarehandbuch.de in der Kategorie *OpenStreetMap* zu finden.

IconMap

Aus IconMap wird über `iconmap.qrcaching.de` der Kartenausschnitt gewählt. Der Befehl *Für Deine Webseite* generiert ein Codeschnipsel mit den erforderlichen Angaben. Dieses kann sofort in den Code der Webseite einkopiert werden.

Bild 7.2: Der Code zum Einfügen in eine Website

Das Schnipsel hat folgendes Format:

```
<object width="400" height="400"
data="http://iconmap.qrcaching.de/map.html#zz/breite/länge" />
```

Darin bedeuten:

- Width: Bildbreite in Pixel
- Height: Bildhöhe in Pixel
- zz: Zoomstufe
- breite: geografische Breite in Dezimalgrad
- länge: geografische Länge in Dezimalgrad

Mit diesem Codeschnipsel wird die folgende Karte angezeigt:

7.2 Anwendungen

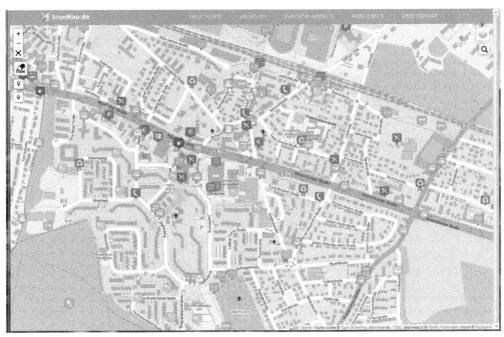

Bild 7.3: Diese Karte wird eingebunden.

Die aktuelle Karte zu diesem Ausschnitt finden Sie unter www.softwarehandbuch.de/ IconMap. Dort ist die Karte allerdings als iFrame eingebaut. In dem Muster für iFrame muss der Inhalt von src durch den Inhalt von data ersetzt werden.

khtml.org

Die khtml-Darstellung (www.khtml.org) entspricht der normalen OSM-Karte, wobei zusätzlich die Darstellung der Wanderkarte zu nennen ist. Bei eingeschaltetem Digizoom ist das Verschieben und Zoomen besonders schnell. Wenn zusätzlich die Umschalttaste festgehalten wird, wird auf die aktuelle Cursorposition zentriert. Im Fenster rechts oben stehen immer die Koordinaten des Bildzentrums.

7 Einbinden in Webseiten

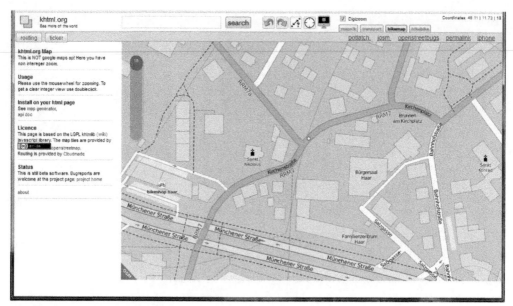

Bild 7.4: khtml in der Ansicht als bikermap

Das Besondere ist jedoch die einfache Möglichkeit, die Karte in eine Webseite einzubinden. Der Befehl *map generator* führt zu den Einstellungen zur Seitengenerierung. Die Einstellungen erfolgen über drei Tabs:

Size: Hier kann die Bildgröße in den Zahlenfeldern oder durch Ziehen mit der Maus eingestellt werden. Der Kartenausschnitt wird durch Ziehen mit der Maus eingestellt. Die Vergrößerung oder Verkleinerung erfolgt mit dem Mausrad oder mit der eingeblendeten Zoombar.

Position: Die Position des Kartenmittelpunkts ist mit *latitude* und *longitude* in Dezimalgrad einstellbar, ebenso der Zoomfaktor. Besonders vorteilhaft ist: Alle Zahlenwerte ändern sich simultan zum Verschieben, Zoomen oder Ändern der Kartengröße.

Code: Dieser Tab enthält den vollständigen Code, um in einer Webseite den Kartenausschnitt anzuzeigen. Koordinaten und Zoomfaktor entsprechen der eingestellten Karte.

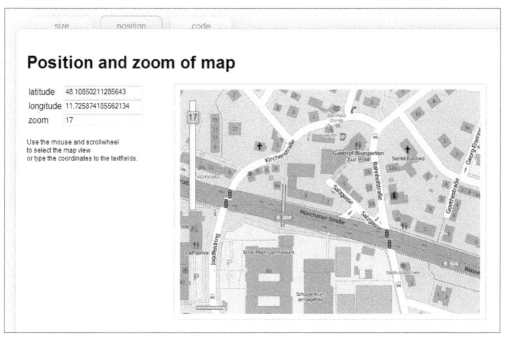

Bild 7.5: Karteneinstellung mit khtml

Wenn das Script aus dem Tab *code* in eine beliebige Webseite eingebaut wird, erscheint auf dieser Seite genau der in khtml eingestellte Kartenausschnitt. Ein besonderer Vorteil: Die Größe lässt sich zwar nicht verändern, aber der Ausschnitt kann beliebig verschoben (weltweit!) und gezoomt werden.

```
Ticker
In der Tickerleiste am linken Rand läuft ein aktueller Ticker mit den
zurzeit aktiven Mappern. Bei einem Klick auf eine Zeile wird die Karte
auf diese Aktion positioniert. Rechts unten erscheint die Beschreibung
des bearbeiteten Objekts.
```

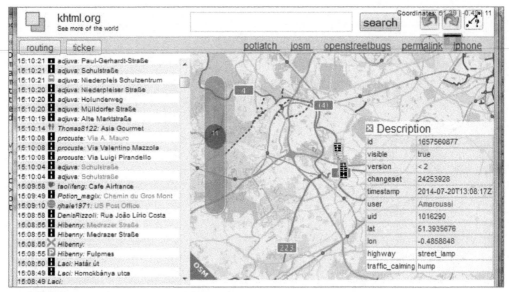

Bild 7.6: Der Ticker positioniert auf die Arbeit

OSM Tools

Oftmals ist es notwendig, eine Karte auf schnelle und einfache Weise auf eine Webseite zu verlinken und auf der Karte einen Marker zu zeigen. Für solche, einfachen Fälle ist dieses Tool genau das richtige (m.osmtools.de). Das Erstellen ist in ganz wenigen Schritten erledigt:

① Nach dem Aufruf von OSM Tools wird die OSM-Karte geladen. Der Kartenausschnitt muss für die gewünschte Ansicht eingerichtet werden.

② In der unteren linken Ecke *Marker setzen* anklicken.

③ Auf die Stelle in der Karte klicken, an der der Marker erscheinen soll. Erneut klicken, um den schon gesetzten Marker zu verschieben.

④ Unten rechts das gewünschte Icon für den Marker auswählen.

⑤ *Markerwahl beenden* — und schon ist die Arbeit erledigt und der Marker gesetzt.

Das folgende Beispiel weist darauf hin, dass an der markierten Stelle neue Häuser gebaut werden (Hausnummern fehlen noch).

7.2 Anwendungen

Bild 7.7: Einen Marker setzen

Mit der Information im Feld *Marker-Link* kann die Karte zum Beispiel als E-Mail weitergegeben werden. Auf der rechten unteren Bildseite stehen insgesamt vier Links zur Verfügung. Alle beziehen sich auf die erstellte Karte. Der *Permalink* enthält sichtbar die Koordinaten und den Zoomfaktor. Beim *Shortlink* sind die Karteninformationen auf rund ein Dutzend Zeichen komprimiert.

Bei beiden Link-Arten wird die Kartendarstellung so weitergegeben, wie sie zum Zeitpunkt der Erstellung der Links war. Wenn die Karte zu diesem Zeitpunkt aber so verschoben war, dass der Marker nicht sichtbar war, dann sieht der E-Mail-Empfänger den Marker auch nicht, sondern muss die Karte so weit verschieben, dass er wieder zu sehen ist. Jeweils bei den Links (*nur Marker*) wird die Karte beim Empfänger aber auf jeden Fall so zentriert, dass der Marker im Zentrum steht.

Während *Marker bearbeiten* noch eingeschaltet ist, enthält das Feld *In Webseite einbinden* den vollständigen Code, um die erzeugte Karte als iFrame in eine Webseite einbinden zu können:

```
<iframe width="700" height="500" frameborder="0" scrolling="no"
marginheight="0" marginwidth="0"
src="http://m.osmtools.de/?lon=11.714819084669&lat=48.130703188308&zoom=18&m
lon=11.714862&mlat=48.130628&icon=10&iframe=1" ></iframe>
```

Vor dem endgültigen Einfügen lassen sich verschiedene Parameter noch ändern. Eine Änderung in den beiden Feldern *Breite* und *Höhe* ändert die Größe des iFrames im HTML-Code.

Das Tool ist einfach zu bedienen. Es führt schnell zu guten Ergebnissen. Trotzdem sind einige Einschränkungen zu beachten:

- Es kann nur ein einziger Marker gesetzt werden. Die Auswahl ist auf die Icons der Bearbeitungsseite beschränkt.
- Es sind keine Beschreibungen möglich.
- Wenn die Karte als Link — zum Beispiel als E-Mail — verschickt wird, dann kann der Empfänger die Karte bearbeiten. Der Marker kann bearbeitet und gelöscht werden. Die Karte kann völlig neu erstellt werden.
- In der eingebetteten Webseite kann die Karte zwar verschoben und gezoomt werden. Der Marker lässt sich aber nicht mehr verändern. Die Karte kann nur noch auf den Marker zentrieren.

Community

OpenStreetMap ist ein über die ganze Welt verteiltes Kartensystem, das hauptsächlich von privaten Mappern und deren Aktivitäten lebt. Es ist der Open Data Commons Open Database Lizenz verpflichtet und damit jedermann zugänglich. Zugleich ist es aber auch der Aufruf an jedermann, am Kartenwerk mitzuarbeiten. Dazu hat sich auch eine weit verzweigte Community gebildet.

> **Anrede**
> In der OSM-Community hat es sich eingebürgert, dass sich alle Mapper mit **du** anreden.

8.1 Weltweit

OSGeo

  Die Open Source Geospatial Foundation, kurz OSGeo, ist eine Non-Profit-Organisation, die sich für die Förderung von Freier und Open-Source-Software in der räumlichen Datenverarbeitung einsetzt. Sie ist weltweit tätig. Die deutschsprachige Seite ist unter www.osgeo.org/ueber_uns zu erreichen.

FOSSGIS

 FOSSGIS ist ein gemeinnütziger Verein (www.fossgis.de). Sein Ziel ist die Förderung und Verbreitung freier Geografischer Informationssysteme (GIS) im Sinne freier Software und freier Geo-Daten. Damit unterstützt der Verein auch ausdrücklich OpenStreetMap und betreibt den Server www.openstreetmap.de. Der Verein richtet jährliche Konferenzen zum Thema »Freie Geo-Daten« aus und beteiligt sich an verwandten Veranstaltungen, zum Beispiel dem Linux-Tag (www.linuxtag.de). Über Mailinglisten können alle Interessierten miteinander kommunizieren.

8.2 Regionale und lokale Arbeitsgruppen

In einigen Städten und Regionen sind lokale Gruppen entstanden, die sich mehr oder weniger regelmäßig treffen, um Erfahrungen auszutauschen. Oftmals werden auch sogenannte Mapping Parties veranstaltet. Dort trifft man sich, um ein ganz bestimmtes Thema ausführlich zu bearbeiten — zu mappen. Solche Themen könnten sein:

- Für einen bestimmten Stadtteil alle Gebäude mit Hausnummern versehen.
- Fehlende Öffnungszeiten ergänzen.
- Ein Neubaugebiet vollständig mit Informationen versorgen.

Der Informationsfluss der Gruppen untereinander erfolgt über Mailinglisten (lists.openstreetmap.de/mailman/listinfo). Daneben gibt es noch ein Forum (forum.openstreetmap.org/viewforum.php?id=14), ebenfalls eine deutsche Seite.

Insider-Tipps

9.1 OSM-Programmstruktur

Wer sich mit den Tiefen des Datenbanksystems von OSM und den angeschlossenen Komponenten beschäftigen will, dem sei die Übersichtsseite `wiki.openstreetmap.org/wiki/DE:Develop` empfohlen. Die Details stehen überwiegend in Englisch zur Verfügung.

9.2 Plugins

Plugins sind kleine Programmerweiterungen, die das Arbeiten erleichtern oder manche Aktionen überhaupt erst möglich machen. Die für JOSM wichtigen Plugins sind über die Einstellungen erreichbar: *Bearbeiten — Einstellungen — Erweiterungen*.

9.3 Relationen prüfen

Relationen sind meistens Strecken von Buslinien, Wanderwegen oder Ähnlichem. Hier wird erwartet, dass die Relation keine Lücken aufweist. Um dies zu prüfen, ist der

OSM Relation Analyzer bestens geeignet. Er kann mit `ra.osmsurround.org` aufgerufen werden.

Die Suche nach einer Relation geht am schnellsten mit der Id der Relation. Das Programm versucht, die Relation in einen vollständigen Graphen umzuwandeln. Dabei werden Lücken, Doppelungen und Überschneidungen im Report angezeigt. Wichtig zur Korrektur sind die doppelten Knoten im Reportteil. Sie werden gelb angezeigt.

Als angenehmer Nebeneffekt wird die Verteilung der Oberflächenqualitäten angezeigt.

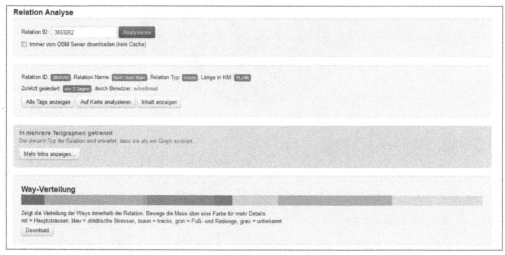

Bild 9.1: Ergebnis der Relation-Analyse

9.4 Nominatim

Nominatim ist ein Werkzeug, um in OpenStreetMap über Namen und Adresse nach Objekten zu suchen. Bei der Suche nach einem Ort verwendet OSM in erster Linie Nominatim. Diese Suchmaschine kann auch direkt unter `nominatim.openstreetmap.org` aufgerufen werden. In das Suchfeld wird das gesuchte Objekt in Klartext eingetragen. Wie im folgenden Beispiel kann es durchaus aus mehreren Elementen bestehen.

9.4 Nominatim

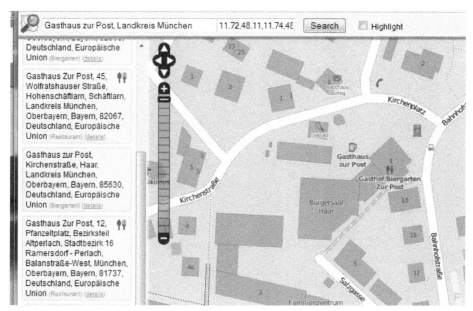

Bild 9.2: Suchen mit Klartext

Der Suchbegriff kann auch mit Parametern angegeben werden. Das ist vor allem für schwierigere Abfragen mit abweichenden Ausgaben hilfreich. Näheres dazu siehe bei wiki.openstreetmap.org/wiki/DE:Nominatim.

Bei mehreren Ergebnissen kann das Passende ausgewählt werden. In der rechten unteren Ecke werden die Koordinaten der Cursor-Position angezeigt.

Bei einem Klick in das leere Suchfenster öffnet sich eine Liste mit den zuletzt verwendeten Suchbegriffen. Sie können direkt in das Suchfenster übernommen werden.

Bild 9.3: Die letzten Suchbegriffe

In der linken Ergebnisliste kann bei jedem Ergebnis über das kleine Feld *Detail* auf alle Informationen zurückgegriffen werden, die im OSM-Server über das Objekt gespeichert sind.

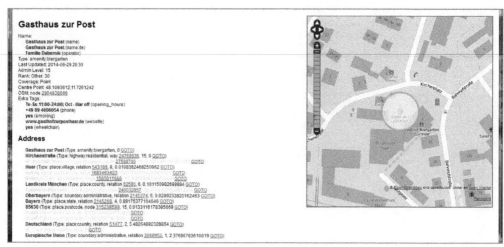

Bild 9.4: Details zum Suchergebnis

Auf der rechten Seite wird die Kartendarstellung und auf der linken Seite die Beschreibung des Objekts gezeigt. Die einzelnen Elemente enthalten den Node und ein GOTO. Mit *node* wechselt die Anzeige auf die Elemente wie beim Editor iD. Mit *GOTO* wechselt die Anzeige der Kartendarstellung.

9.5 Koordinatensysteme

Was ist ein Koordinatensystem?

Mit einem Koordinatensystem kann die Lage eines Punktes im Raum eindeutig beschrieben werden. Für die OSM-Kartendarstellung wird die Erdoberfläche im Allgemeinen als Ebene aufgefasst. Dazu sind zwei Koordinaten erforderlich. Um die Höhe von Bergen oder Gebäuden korrekt darzustellen, wird ein räumliches Koordinatensystem mit drei Koordinaten benötigt.

Jedes Koordinatensystem besitzt einen Koordinatenursprung — auch Pol genannt. Hier überschneiden sich im Allgemeinen die Achsen, und alle Koordinaten haben den Wert Null. Wenn in den folgenden Abschnitten nichts Anderes angegeben wird, laufen die Achsen waagerecht und senkrecht (kartesisches Koordinatensystem). Die Achsen werden durch geeignete Einheiten unterteilt. So kann jeder Punkt der Ebene durch ein Zahlenpaar eindeutig bestimmt werden. In kleinen Maßstäben, wie sie hier verwendet werden, kann eine Landkarte als orthogonal (*) bezeichnet werden, wenn sich alle Koordinaten in einem rechten Winkel schneiden.

Auch außerhalb der Kartendarstellung gibt es Koordinatensysteme: die Hausnummerierung im quadratischen Stadtbild von Mannheim, das Schachbrett, der Plan beim Schiffeversenken, das Hinweisschild für Hydranten usw.

9.5 Koordinatensysteme

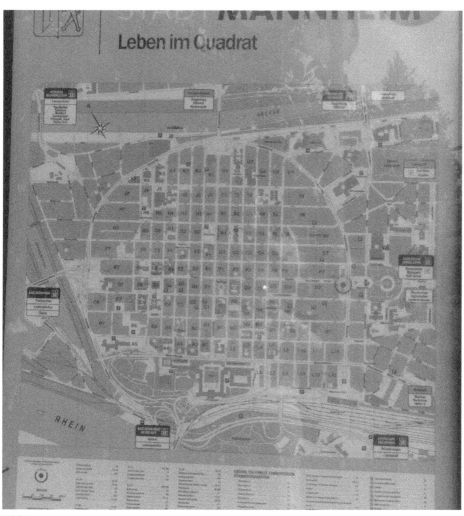

Bild 9.5: Ausschnitt aus dem Mannheimer Stadtplan »Leben im Quadrat«

9 Insider-Tipps

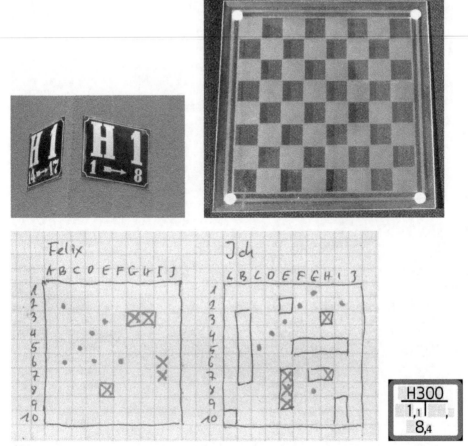

Bild 9.6: Verschiedene Koordinatensysteme

Geografisches Koordinatensystem

Mit den geografischen Koordinaten (geografische Breite und geografische Länge) lässt sich die Lage eines Punktes auf der Erde beschreiben. Die Erde wird dabei in 180 Breitengrade und 360 Längengrade aufgeteilt. Breitengrade verlaufen parallel zum Äquator, Längengrade (Meridiane) verlaufen durch Nord- und Südpol. Der Breitengrad 0 liegt auf dem Äquator. Nach Norden wird in positiver Richtung, nach Süden in negativer Richtung bis 90 gezählt. Der Längengrad 0 (Nullmeridian) läuft durch die Sternwarte in Greenwich bei London. Nach Osten wird in positiver Richtung, nach Westen in negativer Richtung bis 180 gezählt.

9.5 Koordinatensysteme

Bild 9.7: Der Nullmeridian auf dem Hof der Sternwarte in Greenwich — hier kann man gleichzeitig auf beiden Hemisphären stehen.

Die Maßeinheiten sind einheitlich: Grad °, Minuten ' und Sekunden ". Dabei entsprechen 360° dem vollständigen Kreisumfang. 1 Grad wird in 60 Minuten und 1 Minute in 60 Sekunden eingeteilt. Die Sekunden können zur Verfeinerung noch dezimal unterteilt werden.

Zur Vereinfachung bei Berechnungen werden die Minuten und Sekunden nur in Dezimalwerten von Graden angegeben. Alternativ werden für die positiven und negativen Werte auch Richtungsangaben verwendet. Beispiel:

	Nord	Ost
Grad-Minuten-Sekunden	48° 6' 34" N	11° 43' 35" E
Numerisch	+ 48.109322	+ 11.72652

Vergleich

Die Genauigkeit der Angabe in Dezimalgraden ist stark von der Anzahl der Nachkommastellen abhängig. Bei nur zwei Nachkommastellen ergibt sich eine mögliche Abweichung von bis zu 1 km, bei vier Stellen nach dem Komma sind es nur noch 10 m Abweichung. Die meisten Systeme verwenden sechs Nachkommastellen, was einer Genauigkeit von 1 Meter entspricht.

Gauß-Krüger-Koordinatensystem

Es handelt sich ebenfalls um ein kartesisches Koordinatensystem. Für hinreichend kleine Gebiete der kugelförmigen Erde sind hier die Koordinaten rechtwinklig und werden in der Maßeinheit Meter angegeben. Das System wird in Deutschland in der Kartografie und in der Geodäsie verwendet. Zurzeit wird allerdings auf UTM-Koordinaten umgestellt.

Das Gitternetz der geografischen Koordinaten wird in 3° breite Meridianstreifen aufgeteilt. Jeder Meridianstreifen geht vom Nord- bis zum Südpol parallel zu seinem sogenannten Mittelmeridian. Jeder Meridianstreifen erhält eine Kennziffer (nur beim Gauß-Krüger-Meridianstreifensystem mit 3°-Streifen). Diese leitet sich aus der Gradzahl des Mittelmeridians (0°, 3°, 6°, ...) ab. Der Streifen mit der Nummer 4 entspricht 12° östlicher Länge. Der Ursprung des Koordinatensystems ist der Schnittpunkt von Mittelmeridian und Äquator. Die eine Koordinate zählt vom Ursprung positiv nach Osten (Rechtswert), die andere Koordinate positiv nach Gitternord (Hochwert).

Die Rechts- und Hochwerte werden in Meter angegeben. So gibt der Hochwert die Entfernung vom Äquator auf dem Mittelmeridian bis zum Punkt und der Rechtswert die Entfernung vom Mittelmeridian bis zum Punkt an. Dem Rechtswert wird noch die Kennziffer des Mittelmeridians vorangeschrieben. Beispiel:

Geografisch	11° 43' 35" E	48° 6' 34" N
Gauß-Krüger	Rechtswert 4479741.094 m	Hochwert 5330177.158 m

Vergleich geografische und Gauß-Krüger-Koordinaten

UTM-Koordinatensystem

Das UTM-Koordinatensystem (von englisch Universal Transverse Mercator) ist ein globales Koordinatensystem. Es teilt die Erdoberfläche ähnlich wie das Gauß-Krüger-System (für die Polkappen gilt eine andere Berechnung) streifenförmig in 6° breite vertikale Zonen auf. Die Zonen sind von West nach Ost durchnummeriert. Der deutschsprachige Raum liegt größtenteils in den Zonen 32 (6° bis 12° östliche Länge) und 33 (12° bis 18° östliche Länge). Die Zonen werden, vom 80. Breitengrad Süd bis zum 84. Breitengrad Nord, durch Breitenkreise im Abstand von 8° in Zonenfelder unterteilt, die mit Buchstaben beschriftet werden. Die Nordpol- bzw. Südpolregionen werden mit einer eigenen Kartenprojektion abgebildet.

Das UTM-Koordinatensystem wurde von den Streitkräften der Vereinigten Staaten entwickelt. Es findet heute Anwendung bei der deutschen Bundeswehr, beim Katastrophenschutz, der Feuerwehr, dem Rettungsdienst, der Polizei und sonstigen Hilfsorganisationen sowie in der Vermessung.

9.5 Koordinatensysteme

Die Verwendung der X-Achse für den Rechtswert und der Y-Achse für den Hochwert ist in Geo-Informationssystemen üblich. Der X- und der Y-Wert werden in Metern angegeben. Aus dem X(Rechts)-Wert lässt sich die Entfernung zum Mittelmeridian errechnen und aus dem Y(Hoch)-Wert die Entfernung zum Äquator. Wegen der Kugelform der Erde müssen diese Werte noch umgerechnet werden. Beispiel:

Geografisch	11° 43' 35" E	48° 6' 34" N
UTM	Ostwert/Rechtswert 702948 http://de.wikipedia.org/wiki/UTM-Koordinatensystem — cite_note-4	Nordwert/ Hochwert 5332047

Vergleich geografische — UTM-Koordinaten für die Zone 32U

Locator-System für Funkamateure

QTH-Locator-Systeme wurden von Funkamateuren entwickelt und werden im Amateurfunk vorwiegend im UKW-Funkverkehr verwendet. QTH ist eine im Funkdienst verwendete Abkürzung für »Standort«. Der QTH-Locator ist die Angabe eines Standorts anhand eines an den Längen- und Breitengraden ausgerichteten geodätischen Netzes. Die Erdoberfläche wird dadurch in Felder unterteilt.

Die Erdoberfläche ist in 18 × 18 = 324 Größtfelder unterteilt, jedes Größtfeld ist wiederum in 10 × 10 = 100 Großfelder und jedes Großfeld in 24 × 24 = 576 Kleinfelder unterteilt. Die Größt- und Kleinfelder werden mit jeweils zwei Buchstaben von AA bis RR bzw. AA bis XX, die Großfelder mit je zwei Ziffern von 00 bis 99 bezeichnet. Die Zählung beginnt am Südpol und 180° Länge und verläuft von West nach Ost bzw. Süd nach Nord. Bei einer sechsstelligen Angabe wie JN58UC entspricht das in Deutschland einer Ausdehnung von etwa 6,33 km in Ost/West-Richtung und etwa 4,663 km in Nord/Süd-Richtung.

Beispiel:

	Nord	Ost
Grad-Minuten-Sekunden	48° 6' 34" N	11° 43' 35" E
Numerisch	+48.109322	+ 11.72652
QTH-Locator	JN58UD	

QTH-Locator

Umrechnungstabellen und Umrechnungsregeln

Für die Umrechnung von einem Format in ein anderes und von einem System in ein anderes gibt es im Internet eine Vielzahl von Berechnungsdiensten. Es folgen zwei Vorschläge, die nach Meinung des Verfassers am einfachsten zu bedienen sind. Hier können Sie die gängigsten Koordinaten in die jeweiligen anderen Formate umrechnen bzw. umwandeln. Dies klappt in alle Richtungen und mit allen gültigen Werten:
www.deine-berge.de/umrechner_koordinaten.php

Statt Koordinaten können in der oberen Zeile auch Adressen oder Sehenswürdigkeiten eingetragen werden.

Bild 9.8: Umrechnen von Koordinaten bei www.deine-berge.de

Hier kann aus den Koordinaten der QTH-Locator ermittelt werden: `loc.chaoswelle.de`. Das funktioniert auch in umgekehrter Richtung. Außerdem kann von einem Ort aus gesucht werden.

Bild 9.9: Umrechnung mit dem QTH-Locator

Mit den beiden genannten Beispielen sind eigentlich alle Anforderungen an eine Umrechnung von Koordinaten erfüllt. Trotzdem soll die Umrechnung von einem Format in das andere an einem Beispiel illustriert werden. Für die Umrechnungsregeln von einem System in ein anderes sei ein Blick in Wikipedia empfohlen.

Dezimalgrad --> Grad — Minuten — Sekunden

Gegeben sind 48,109322 N. Wie lautet das in Grad — Minuten — Sekunden?

- Ein Grad sind 60 Bogenminuten: Dezimalteil wird mit 60 multipliziert.

    0,109322 * 60 = 6,55932; das sind 6 und rund eine halbe Minute.

- Eine Bogenminute sind 60 Bogensekunden: Dezimalteil wird mit 60 multipliziert. 0,55932 * 60 = 33,5592 das sind rund 33,56 Sekunden.
- Also: 48,109322 N entsprechen 48° 6' 33,5592" N

Grad — Minuten — Sekunden --> Dezimalgrad

Gegeben sind 48° 6' 33,5592" N. Wie lautet das in Dezimalgrad?

Die Berechnung läuft gerade umgekehrt wie beim obigen Beispiel. Man fängt bei den Sekunden an, dividiert durch 60 und hängt den Dezimalteil an.

- 33,5592 /60 = 0,55932 Minuten
- 6,55932 /60 = 0,109322 Grad
- 48,109322° N ist das Ergebnis

9.6 Remote Control

Einige Editoren, zum Beispiel umap, bieten die Möglichkeit, den Kartenausschnitt in JOSM zu bearbeiten. Dazu muss JOSM gestartet sein. Remote Control wird in JOSM eingerichtet: Menü *Bearbeiten* — *Einstellungen* — *Fernsteuerung* (zweites Icon von unten) — *Fernsteuerung aktivieren*. Weitere Aktionen können ausgewählt werden.

9.7 Öffnungszeiten

Für die Liste der Öffnungszeiten ist es wichtig, dass die Zeiten für das Rendern in einer exakten Form angegeben sind. Wer sich nicht sicher ist, kann die Zeiten im Tag `openinghours` mit dem Tool `openingh.openstreetmap.de/evaluation_tool` prüfen lassen.

9.8 Neues Kartenbild

Die OSM-Datenbank besitzt einen fast unermesslichen Fundus von geografischen Daten. Ein Renderprogramm setzt diese Daten in ein Kartenbild um und trägt Bezeichnungen, Farben und Icons ein. Dabei werden je nach Zweck der Karte Daten weggelassen oder anders dargestellt. Diese Spezialität zeichnet jedes Renderprogramm aus. In der OSM-Datenbank sind aber auch Informationen enthalten, die von keinem gängigen Programm gerendert, also angezeigt, werden. Das soll sich hier ändern. Das Ziel lautet:

Ein Programm zeigt für alle Gebäude die jeweilige Anzahl der Stockwerke farbig codiert an. Wie in einem Atlas wird eine Farbskala verwendet von dunkelgrün (ganz niedrig, also ebenerdig) bis dunkelblau (ganz hoch, also mehr als 12 Stockwerke).

9.8 Neues Kartenbild

Maperitive

Für ein solches Programm bietet sich Maperitive an. Hier ist in einer Regeldatei niedergelegt, wie Datenelemente auf der Landkarte erscheinen sollen. Es geht also darum, für das genannte Problem eine passende Regeldatei zu erstellen. Da es nur um Gebäude geht, müssen »nur« die Farben für das Tag `building` angepasst werden.

Beim Start von Maperitive zeigt sich schon ein Bildausschnitt. Dieser sollte zuerst auf den passenden Ausschnitt verschoben werden. Dann wird im Menü *Map* eine OSM-Datei für den gewählten Ausschnitt dazugeladen.

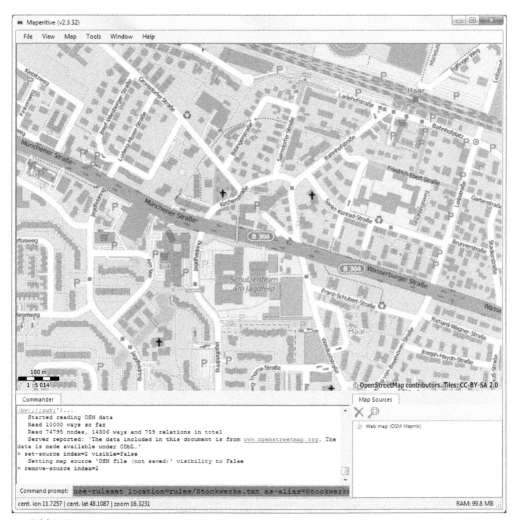

Bild 9.10: Karte beim Start von Maperitive

Eine Regeldatei enthält sehr viele Zeilen und kann nur in mühevoller Arbeit neu erstellt werden. Deshalb empfiehlt es sich, immer eine bereits vorhandene Regeldatei den Bedürfnissen entsprechend anzupassen. Dazu bietet sich die Datei *Default.mrules* an. Sie steht im Maperitive-Verzeichnis *Rules*. Sie sollte auf keinen Fall verändert werden. Deshalb sollten Sie sie kopieren und mit einem neuen Namen — hier *Stockwerke.txt* — im gleichen Verzeichnis ablegen. Zum besseren Arbeiten mit der Regeldatei sind hier Ausschnitte daraus eingefügt. Alle Änderungen sind in den Zeilen // begin und //end eingeschlossen.

```
// Default rendering rules for Maperitive resembling that of OSM Mapnik
// http://maperitive.net

// Created by Igor Brejc
// Released under the Creative Commons Attribution-ShareAlike 3.0 License
(http://creativecommons.org/licenses/by-sa/3.0/)
// Updates by Michael <quelbs_at_gmail.com>
// Icons used: Map icons CC-0 from SJJB Management
(http://www.sjjb.co.uk/mapicons)

// Geaendert von Walter Immler, Oktober 2014. Dateiname: Stockwerke.txt
// Ziel:
// Die Gebaeude werden mit Spezialfarben dargestellt. Basis ist das Tag
building:levels = x
// Der Wert von x bestimmt die Farbe. Schattierung wie in einem Atlas von
dunkelgruen (levels = 1)
// bis dunkelbraun (levels > 13).
// Aenderungen sind mit '// begin'  und '// end' markiert

features
   points, areas
        parking : amenity=parking
        postbox : amenity=post_box
        postoffice : amenity=post_office
        telephone : amenity=telephone
        fire station : amenity=fire_station
        police station : amenity=police
        hospital : amenity=hospital
        recycling : amenity=recycling
        church : amenity=place_of_worship AND religion=christian
        drinking water : amenity=drinking_water
        bank : amenity=bank
        atm : amenity=atm
        toilets : amenity=toilets
```

Beginn der Regeldatei

9.8 Neues Kartenbild

Als Erstes ist das Tag `building` anzupassen. Es befindet sich im ersten Teil der Regeldatei bei `features` — `areas`. Für `building` sind mehrere Werte zulässig, die einzeln aufgeführt und mit `OR` verknüpft werden müssen. Zusätzlich muss für jede Stockwerkhöhe die Anzahl spezifiziert werden. Die Angaben für `buildings` werden also durch `AND` mit `building:levels` verknüpft. Für Gebäude mit zwei Stockwerken definieren wir:

```
building2 : (building=yes OR building=residential OR building=house OR
building=apartments OR building=commercial) AND building:levels=2
```

Für das Argument `building` gibt es auch den Wert `garages`. Er wurde hier nicht eingefügt, weil für Garagen die Anzahl der Stockwerke nicht interessant ist. Wer dies dennoch möchte, kann diesen Wert selbst einfügen.

Das oben angeführte Feature mit dem Namen `building2` ist geeignet, die Eigenschaft von Gebäuden gezielt zu verändern, sie zum Beispiel in einer anderen Farbe anzuzeigen. Für diese Aufgabe soll aber in Abhängigkeit von `levels` (Anzahl der Stockwerke) die Farbe unterschiedlich ausgewählt werden. Deshalb ist es sinnvoll, für jede Stockwerkanzahl ein eigenes Feature festzulegen:

```
        tourism museum : tourism=museum
        amenity pub : amenity=pub
        amenity fast_food : amenity=fast_food
        aerodrome : aeroway=aerodrome
        housenumber : [addr:housenumber]
// These are not shown on Mapnik
        puffin : crossing_ref=puffin
        memorial : historic=memorial


    areas
        beach : natural=beach
// begin
building1 : (building=yes OR building=residential OR building=house OR
building=apartments OR building=commercial) AND building:levels=1
building2 : (building=yes OR building=residential OR building=house OR
building=apartments OR building=commercial) AND building:levels=2
building3 : (building=yes OR building=residential OR building=house OR
building=apartments OR building=commercial) AND building:levels=3
building4 : (building=yes OR building=residential OR building=house OR
building=apartments OR building=commercial) AND building:levels=4
building5 : (building=yes OR building=residential OR building=house OR
building=apartments OR building=commercial) AND building:levels=5
building6 : (building=yes OR building=residential OR building=house OR
building=apartments OR building=commercial) AND building:levels=6
building7 : (building=yes OR building=residential OR building=house OR
```

```
building=apartments OR building=commercial) AND building:levels=7
building8 : (building=yes OR building=residential OR building=house OR
building=apartments OR building=commercial) AND building:levels=8
building9 : (building=yes OR building=residential OR building=house OR
building=apartments OR building=commercial) AND building:levels=9
building10 : (building=yes OR building=residential OR building=house OR
building=apartments OR building=commercial) AND building:levels=10
building11 : (building=yes OR building=residential OR building=house OR
building=apartments OR building=commercial) AND building:levels=11
building12 : (building=yes OR building=residential OR building=house OR
building=apartments OR building=commercial) AND building:levels=12
building13 : (building=yes OR building=residential OR building=house OR
building=apartments OR building=commercial) AND building:levels=13
building14 : (building=yes OR building=residential OR building=house OR
building=apartments OR building=commercial) AND building:levels=14
building15 : (building=yes OR building=residential OR building=house OR
building=apartments OR building=commercial) AND building:levels=15
building16 : (building=yes OR building=residential OR building=house OR
building=apartments OR building=commercial) AND building:levels=16
// end
        water : natural=water OR waterway=riverbank OR landuse=reservoir OR
landuse=basin or waterway=dock
        village green : landuse=village_green
        forest : landuse=forest OR natural=wood
        farm : landuse=farm
        farmyard:landuse=farmyard
        grass : landuse=grass
        fell : natural=fell
        glacier : natural=glacier
```

Ausschnitt aus dem Feature für *building*

Die `building`-Eigenschaften werden jetzt durch `AND` mit den passenden `levels` verknüpft. In `building1` sind also alle Gebäude mit einem Stockwerk. In gleicher Weise werden die Features `building2` bis `buildung16` angelegt.

Für die `properties` ist in dieser Regeldatei keine Änderung erforderlich.

Jetzt sind in dem Abschnitt `rules` die eigentlichen Bedingungen zu implementieren. Diese sind in einem Ziel — `target` genannt — zu beschreiben. Die als Vorlage verwendete Regeldatei enthält bereits ein globales Ziel: `target : $featuretype (area)`. Darin werden die `area`-Objekte abgefragt. Sie stehen einzeln in `elseif`-Blöcken. Jede Regel wird mit `define` eingeleitet. Weil nur die Anzeigefarbe definiert werden soll, gibt es auch nur die Anweisung `fill-color : #0D8727`.

So sieht dann eine einzelne Regel aus:

```
elseif : building1
  define
      fill-color : #0D8727
```

Für die Stockwerkhöhen sind im Teil rules folgende Regeländerungen notwendig:

```
    elseif : park
      define
            fill-color : #C0F6B0
    elseif : leisure garden
      define
            fill-color : #CFECA8
    elseif : graveyard
      define
            fill-color : #A9CAAE
// begin
    elseif : building1
      define
            fill-color : #0D8727
    elseif : building2
      define
            fill-color : #2AC678
    elseif : building3
      define
            fill-color : #37FF00
    elseif : building4
      define
            fill-color : #FFFF2B
    elseif : building5
      define
            fill-color : #FFB459
    elseif : building6
      define
            fill-color : #FFB459
    elseif : building7
      define
            fill-color : #A8D3FF
    elseif : building8
      define
            fill-color : #A8D3FF
    elseif : building9
      define
            fill-color : #6895FF
    elseif : building10
      define
```

```
                fill-color : #6895FF
    elseif : building11
        define
                fill-color : #6895FF
    elseif : building12
        define
                fill-color : #6895FF
    elseif : building13
        define
                fill-color : #0000FF
    elseif : building14
        define
                fill-color : #0000FF
    elseif : building15
        define
                fill-color : #0000FF
    elseif : building16
        define
                fill-color : #0000FF
// end
    elseif : leisure pitch
        define
                fill-color : #89D2AE
    elseif : leisure stadium
        define
                fill-color : #33CC99
    elseif : track
        define
                fill-color : #74DCBA
```
Ausschnitt aus dem Regelteil

Die Farben sind in Hexadezimal-Schreibweise anzugeben. Das entspricht dem RGB-Farbsystem. Die Farben sind wie folgt zugeordnet:

Anzahl der Stockwerke level=x	Farbe	dezimal	hexadezimal
1	dunkelgrün	13 – 135 – 390	#0D8727
2	mittelgrün	42 – 198 – 120	#2AC678
3	hellgrün	55 – 255 – 0	#37FF00
4	gelb	255 – 255 – 40	#FFFF2B
5–6	orange	255 – 180 – 89	#FFB459
7–8	hellblau	168 – 211 – 255	#A8D3FF

9.8 Neues Kartenbild

Anzahl der Stockwerke level=x	Farbe	dezimal	hexadezimal
9–12	dunkelblau	104 – 149 – 255	#6895FF
> 12	sehr dunkelblau	0 – 0 – 255	#0000FF

Zuordnung der Farben

Der vorgenannte `define`-Block muss natürlich für jede Stockwerkanzahl entsprechend eingefügt werden.

Die weitere Vorgehensweise wurde bereits weiter vorne im Buch im Kapitel 5.6 »Maperitive« beschrieben. Jedes Mal, wenn die Regeldatei gesichert wird und alles richtig gelaufen ist, zeigt Maperitive sofort das Ergebnis an.

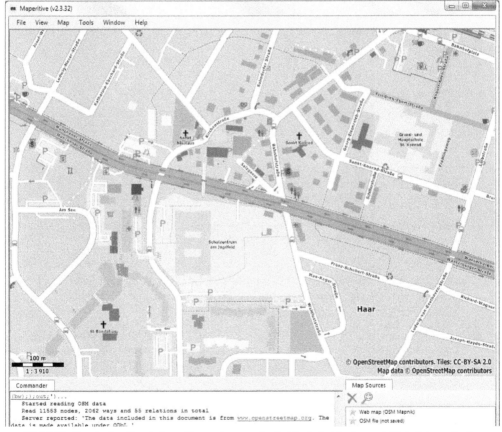

Bild 9.11: Das fertige Ergebnis — Es werden nur die Gebäude farbig dargestellt, bei denen in der OSM-Datenbank eine Stockwerkszahl eingetragen ist.

Im Menü *Tools* kann dann die erzeugte Karte veröffentlicht werden. Zur Verfügung stehen die Formate PNG und SVG.

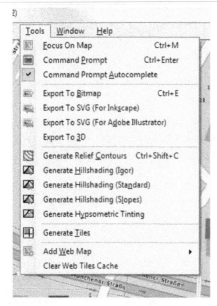

Bild 9.12: Das Menü Tools

Zum Schluss noch einigen Anmerkungen zur Arbeit mit Maperitive:

- Beim Start zeigt Maperitive zwar bereits eine Web-Map an. Es ist jedoch dringend geraten, über das Menü *Map* noch OSM-Daten dazuzuladen. Rechts unten im Fenster sind die geladenen Dateien zu sehen.

- In der Kommandozeile (*Command prompt*) kann mit den Cursortasten in den bereits einmal eingegebenen Befehlen geblättert werden.

- Mit der Menüfolge *Map — Switch to Rules* kann schnell zu einer anderen Regeldatei umgeschaltet werden. Zuerst muss jedoch mit dem Kommando `use-ruleset location=rules/Stockwerke.txt as-alias=Stockwerke` der Speicherort der Regeldatei angemeldet werden.

- Wenn die Regeldatei einen vom Parser erkennbaren Fehler enthält, öffnet sich ein zusätzlicher Tab mit dem Namen *Rules (Regeldateiname)*. Darin wird in der Regeldatei auf den Fehler positioniert und unten eine Fehlermeldung gezeigt. Achtung: In diesem Fenster kann **nicht** editiert werden.

- Die in anderen Programmen üblichen Begrenzungszeichen wie geschweifte Klammern für Blöcke oder das Semikolon für Zeilenenden fehlen in der Regeldatei. Zur Strukturierung dienen hier die Einrückungen. Sie müssen genau eingehalten werden.

- Kommentare beginnen in jeder Zeile mit zwei Schrägstrichen //. Sie werden bei der Bearbeitung ignoriert.

Bild 9.13: Fehlermeldung in Maperitive

Dieses Beispiel sollte zeigen, wie Karten nach eigenen Wünschen gerendert werden können. In jedem Fall sind aber Fleiß und Gehirnschmalz vonnöten. Zur Erleichterung kann die hier verwendete Regeldatei *Stockwerke.txt* von www.buch.cd heruntergeladen werden.

Wen jetzt die Lust auf eine weitere Betätigung gepackt hat, der kann selbst für ein neues Thema eine Regeldatei anlegen. Das OSM-Wiki bietet auf der Seite wiki.openstreetmap.org/wiki/Category:Maperitive/Rules eine reiche Auswahl von bereits von anderen Mappern angelegten Regeldateien. Wenn im Kopfbereich der Datei nichts Gegenteiliges vermerkt ist, darf sie für eigene Zwecke verwendet und angepasst werden. Bitte immer die gültige Lizenz beachten.

Glossar

Das Glossar erklärt wichtige Fachbegriffe im Zusammenhang mit Kartografie und OpenStreetMap. Diese sind im Text bei ihrer ersten Verwendung mit einem Sternchen (*) gekennzeichnet.

Augmented Reality
Ein Verfahren, um Daten aus der OSM-Datenbank oder anderen Quellen lagegenau in das Kamerabild der Handykamera einzublenden. Man kann damit z. B. Informationen zu Sehenswürdigkeiten finden, wenn man durch eine fremde Stadt geht.

bing
Kartendienst von Microsoft. Die Luftbilder sind als Hintergrund für OSM verwendbar und zugelassen.

GeoJSON
Ein Format, um geometrische Datenstrukturen zu definieren, zum Beispiel Punkte, Linien, Polygone usw.

Generalisieren
Bei der Generalisierung wird der Karteninhalt (aus der Datenbank) für die Darstellung der Karte so weit vereinfacht, dass die Lesbarkeit und Verständlichkeit bei jedem Maßstab erhalten bleibt. Da es sich bei den OSM-Karten um Vektorgrafiken handelt, kann die Anpassung bei jedem Maßstab automatisiert erfolgen.

Für Spezialkarten erfolgt eine Generalisierung durch Filtern: Auf einer Seekarte sind zum Beispiel Fahrradwege nicht erforderlich.

GPX
Das GPX-Format dient zur Speicherung von Geo-Informationen. Das sind hauptsächlich GPS-Daten. Es basiert auf dem allgemeinen XML-Standard. Die Dateien tragen das Suffix gpx.

Halo
Eine farbige Fläche, die in Karten oder technischen Zeichnungen unter eine Beschriftung gelegt wird, um diese gegenüber dem Hintergrund besser hervorzuheben.

KML

Abgekürzt aus Keyhole Markup Language. KML ist eine Auszeichnungssprache für Geo-Daten. Basis ist die XML-Syntax. Neben den reinen Geo-Daten können auch Zusatzinformationen wie Name, Beschreibung oder Ähnliches dargestellt werden.

Nominatim

Nominatim ist ein Werkzeug, um in OpenStreetMap über den Namen oder die Adresse nach Objekten zu suchen.

Open Data Commons Open Database Licence (ODbL)

Das ODbL-Projekt widmet sich rechtlichen Fragestellungen zu offenen Datenbanken. Diese freie Datenbank-Lizenz erlaubt das Kopieren, Weitergeben und Benutzen und das Ableiten von Werken aus der Datenbank. Der Besitzer der Datenbank muss bei einer Weiterverwendung der Daten genannt werden, die Weitergabe erfolgt unter den gleichen Bedingungen. Des Weiteren muss die abgeleitete Datenbank ohne Einschränkungen zur Verfügung stehen. OSM verwendet die ODbL.

Orthogonales Koordinatensystem

In einem solchen Koordinatensystem stehen die Koordinaten an jeder Stelle senkrecht aufeinander. Wegen der Kugelform der Erde ist das bei Landkarten im Prinzip nicht möglich. Für kleine Maßstäbe ist der Fehler aber durchaus zu vernachlässigen.

Permalink

Permalink wird auch als permanenter Link bezeichnet. Im Gegensatz zu einem normalen Link (URL) wird beim nächsten Aufruf genau diese Seite gezeigt, für die der Permalink eingerichtet wurde. Bei Permalinks für OSM-Karten sind meistens die Koordinaten und der Zoomfaktor im Link enthalten.

POI

Abkürzung für Point of Interest, auf Deutsch interessanter Ort. Damit können Sehenswürdigkeiten oder auch Gastronomie, Unterkünfte, Tankstellen, Bankautomaten gekennzeichnet werden. In der Werbung für Navigationssysteme für Autofahrer werden mit diesem Begriff stationäre Blitzer bezeichnet, die zu Werbezwecken nicht genannt werden dürfen.

Rasterkarte

Die Karte wird aus einem vorbereiteten Satz von Bildern (Kacheln) zusammengesetzt. Die Qualität ist zwar hoch, kann aber auf dem Endgerät nicht mehr verändert werden. Im Vergleich zu Vektorkarten wird mehr Speicherplatz benötigt. Routenberechnung ist nur mit einer Onlineverbindung möglich.

Rendern

Ein Programm, zum Beispiel Maperitive, erstellt aus den Daten einer Datenbank ein Bild. Aus der OSM-Datenbank werden zum Beispiel die geografischen Koordinaten und das Tag `amenity=pharmacy` entnommen. Das Renderprogramm ermittelt daraus die Lage auf der zu erstellenden Karte und bildet gleichzeitig das Symbol für eine Apotheke.

SVG

SVG steht für Scalable Vector Graphics = skalierbare Vektorgrafik. Dieses Grafikformat kann von allen gebräuchlichen Internetbrowsern angezeigt werden.

Tastenkürzel

Vorgang	iD	Potlatch	JOSM	OS-Browser
Abbrechen		Esc		
Adresse öffnen			Strg+L	
Aktualisieren			Strg+U	
Alles auswählen			Strg+A	
Änderungssatzverwaltung			Strg+Alt+C	
Audio Abspielen/Pause			.	
Audio Langsamer			F4	
Audio Nächste Marke			F8	
Audio Schneller			F9	
Audio Vorherige Marke			F5	
Audio Vorwärts			F7	
Audio Zurück			F6	
Auf Auswahl zoomen			3	
Auf Daten zoomen			1	
Auf Ebene zoomen			2	
Auf heruntergeladene Daten zoomen			5	
Auf Konflikt zoomen			4	
Auf Nächster zoomen			9	
Auf Problem zoomen			6	
Auf Vorheriger zoomen			8	
Auswahl aktualisieren			Strg+Alt+U	

Vorgang	iD	Potlatch	JOSM	OS-Browser
Auswahl hochladen			Strg + Alt + Um + U	
Auswahl invertieren		V		
Auswahl vereinigen			Strg + Um + M	
Beenden			Strg + Alt + Q	
Daten hochladen			Strg + Alt + oben	
Drahtdarstellung			Strg + W	
Duplizieren			Strg + D	
Ebene vereinigen			Strg + M	
Einfügen	Strg + V		Strg + V	
Einfügen (Fläche)	3			
Einfügen (Linie)	2			
Einfügen (Punkt)	1			
Einstellungen			F12	
Elternrelationen herunterladen			Strg + Alt + D	
Entfernen			Entf	
Entfernen Weg			Um + Entf oder Um + Backspace	
Erweitere Informationen			Strg + I	
Erweiterte Informationen (Web)			Strg + Um + I	
Fenster Auswahl			Alt + Um + T	
Fenster Autoren			Alt + Um + A	
Fenster Befehlsliste			Alt + Um + O	
Fenster Ebenen			Alt + Um + L	
Fenster Filter			Alt + Um + F	
Fenster Konflikte			Alt + Um + C	
Fenster MapPaint-Stile			Alt + Um + M	
Fenster Merkmale			Alt + Um + P	
Fenster Prüfergebnisse			Alt + Um + V	
Fenster Relationen			Alt + Um + R	

Vorgang	iD	Potlatch	JOSM	OS-Browser
Fenster Versionsprotokoll			`Alt`+`Um`+`H`	
Geändertes aktualisieren			`Strg`+`Alt`+`M`	
Gitternetz ein/aus				`G`
Herauszoomen		`Bild↓`	`-`	`Bild↓`
Hilfe			`F1`	
Hineinzoomen		`Bild↑`	`+`	`Bild↑`
Historie zeigen		`H`		
Im Kreis anordnen			`O`	
Kopieren	`Strg`+`C`			
Kreis erstellen			`Um`+`O`	
Linie aufspalten			`P`	
Linie vereinfachen			`Um`+`Y`	
Linien trennen			`G`	
Linien verbinden			`C`	
Linienrichtung umkehren			`R`	
Löschen (Objekt)	`Strg`+`Backspace`	`-` oder `Entf` oder `Backspace`		
Merkmale einfügen			`Strg`+`Um`+`V`	
Multipolygon aktualisieren			`Strg`+`Um`+`B`	
Multipolygon erstellen			`Strg`+`B`	
Neu starten			`Strg`+`Alt`+`Um`+`J`	
Neue Ebene			`N`	
Nichts auswählen			`Esc`	
Objekt herunterladen			`Strg`+`Um`+`O`	
Öffnen			`Strg`+`O`	
Punkte in Gerade anordnen			`L`	
Punkte in Linie einfügen			`J`	
Punkte vereinigen			`M`	

Vorgang	iD	Potlatch	JOSM	OS-Browser
Punkte verteilen			Um + B	
Punkte von Linie trennen			Alt + J	
Rechteckig machen (Objekt)	S			
Rechtwinklig machen			Q	
Rückgängig (Aktion)	Strg + Z	Z	Strg + Z	
Schließen		C		
Speichern (Aktion oder Objekt)	Strg + S	S	Strg + S	
Speichern unter			Strg + Um + S	
Suche mittels Vorlage			Um + F3	
Suchen			Strg + F	
Tag-Eingabe umschalten		T		
Tag hinzufügen		+		
Tags übertragen		R		
Transparenz der Hintergrundbilder dimmen		D		
Über			Um + F1	
Überlappende Flächen verbinden			Um + J	
Überlappende Wege aktivieren		#		
Um den Mittelpunkt drehen (Objekt)	R			
Verschieben (Objekt)	M			
Verschieben (Ausschnitt)	linke Maustaste	linke Maustaste	rechte Maustaste	Cursor-Tasten
Verschieben schnell				
Verschieben langsam				Cursor-Tasten + Um
Versionsprotokoll			Strg + H	
Versionsprotokoll (Web)			Strg + Um + H	

Vorgang	iD	Potlatch	JOSM	OS-Browser
Vollbildanzeige			`F11`	
Vom OSM-Server laden			`Strg`+`Um`+`unten`	
Vorlage suchen			`F3`	
Weg erstellen (klonen)		`P`		
Weg teilen		`X`		
Wegesequenz auswählen			`Um`+`W`	
Wegpunkte aktivieren		`W`		
Wegpunkte automatisch reduzieren		`Y`		
Wiederherstellen	`Strg`+`Y`		`Strg`+`Y`	

Vektorkarte

Die Kartendaten liegen als Linien und Punkte mit den zugehörigen Attributen vor. Im Endgerät wird daraus ein Kartenbild errechnet (Rendern). Auch bei großem Zoom bleibt die Bildqualität erhalten. Gegenüber Rasterkarten wird weniger Speicherplatz benötigt.

XML

Die E**x**tensible **M**arkup **L**anguage (= erweiterbare Auszeichnungssprache) dient zur Darstellung von Daten, die hierarchisch strukturiert sind. Sie ist damit unabhängig von Betriebssystemen (zum Beispiel Windows oder Linux) und von Anwendungsprogrammen (zum Beispiel Firefox oder Overpass). Eine XML-Datei besteht nur aus Textzeichen und ist damit auch »menschenlesbar«.

Stichwortverzeichnis

A
Analyzer 204
Änderungen 55
Änderungsprotokoll 91
Änderungssatz 52
Anrede 201
ArcGIS 97
area 62
Attribut 63
Augenmaß 58
Augmented Reality 225
Autoren 71

B
Batteriekapazität 57
Bearbeitungsfenster 71
Begrenzungszeichen 222
Benutzername 54
Betriebssystem 56
Bildschirm 57
bing 12, 78, 96, 225
Branchenverzeichnisse 55
Breitengrad 208
Briefkästen 30

C
Chrome 56
Command prompt 222

D
Datenschutz 56
Default-Regel 142
Dezimalgrad 209
Digizoom 195
Display 57

E
Editor 66, 89
Einrückungen 222
Eisenbahnkarte 27
Elektrorollstühle 40
E-Mail 199

F
Feature 217
Fehlerhinweise 51
Fernsteuerung 214
Feuerwehrhäuser 105
Feuerwehrkarte 35, 104, 160
Field Papers 145
Firefox 56
Fläche 62
Flash-Plugin 93
FOSSGIS 202
Frame 193
Freie Tonne 29
Funkdienst 211

G
Gastronomie 32
Gauß-Krüger-Koordinatensystem 210
Geldautomaten 188
Genauigkeit 209
Generalisierung 225
GeoJSON 225
GPSies 169

GPS-Positionierung 57
GPX-Datei 84, 185
GPX-Format 225
GPX-Track 171
Grad 209
Greenwich 208
Güterverkehr 33

H
Hexadezimal 220
Hilfe 51
Hochwert 210
Höhenlinien 136
Höhenprofil 159
Höhenschummerung 19
HTML-Code 59
Humanitarian 17
Hydrant 36, 104

I
IconMap 37
iD 89, 90
iFrame 192
Inline-Skating 20
interaktive Karte 67
Internet Explorer 56, 90

J
Java 66
JOSM 66, 89
JPEG 59

K
Kartendarstellungen 35
Kartenmarker 59
kartesisches Koordinatensystem 206
key 63
khtml 195
Kinderwagen 40
KML 226
Knoten 61

Kommandoliste 138
Kommandozeile 139, 222
komoot 21, 157
Koordinatensystem 206, 226
Kosmos 136
Kurz-URL 59

L
Längengrad 208
latitude 61
Linie 62
Link 59
Linux 56, 66
longitude 61

M
Mac OS 66
Mailinglisten 202
Map and Route 101
Maperitive 136, 215
Mapnik 17
Mapper 13, 65
MapQuest 17, 46
Marker 132, 198
Menüleiste 70
Mercator 94
Meridian 208
Merkaartor 89, 94
Minuten 209
MobAC 165
Mobile Atlas Creator 165
Mofa 49
Moped 49
Motorradfahrer 169
Mountainbiker 169
Mountainbike-Routen 20
Multi Map 187

N
NaviComputer 186
Navigationsfeld 16

Navigationsgerät 11
node 61
Nominatim 204, 226
Notes 52
Nullmeridian 208

O
Oberfläche 88
ODbL 12
öffentliche Verkehrsmittel 26
Offlinekarten 165, 186
Öffnungszeiten 30, 88
Open Data Commons Open Database
 Lizenz 12, 51, 226
Open Touch Map 156
OpenCycleMap 17, 187
OpenLinkMap 43
OpenRouteService 48
OpenStreetBrowser 44
orthogonal 206
OruxMaps 165
OSGeo 201
OSM 13
OSM Tools 131, 198
OsmAnd 161
Osmarender 144
OSM-Datenbank 56
OSM-Hilfe 51
OSM-Tracker 182
Outdoorkarte 21

P
Parkplätze 34
Parser 222
Passwort 54
PDF-Dokument 59
Permalink 226
Plugins 203
PNG 59
POI 37, 226
Point of Interest 37, 55, 62, 226

Potlatch 2 89, 92
Privatsphäre 56
Prüfung 86
Punkt 61

Q
QGIS 125
QR-Code 148
QTH-Locator 211

R
Radfahrerkarte 17
Radwege 20
Rasterkarte 226
Rechtswert 210
Regeldatei 215
Regeln 136, 141
Regionen 160
Relation 63, 71, 84, 204
Relationeneditor 71
Remote Control 100, 214
Rendern 17, 64, 138, 227
Renderprogramm 214
RGB-Farbsystem 220
Rollstuhlfahrer 39, 40
Rollstuhlrouting 40
Routen 19
Routenplaner 46, 48
rules 141, 216

S
Scannen 148
Schieberegler 70
Schlüssel 63
Schummerung 136
Schwerlastverkehr 49
Seekarte 28, 29
Seezeichen 28
Sekunden 209
ShortCuts 70
Shortlink 199

Smartphone 57
Spezialkarten 17
Stand-alone-Version 90
Statistiken 12
Statusfeld 72
Stecknadel 100
Stolpersteine 88
SVG 59, 227
SVG-Datei 139
SVG-Karten 144

T
Tastenkürzel 70, 90, 227
Ticker 197
Tutorial 138

U
Ubuntu 66
umap 98, 214
Urheberrechte 56
UTM-Koordinatensystem 210

V
value 63
Vectorial Map lite 189
Vektorgrafik 64

Vektorkarte 231
Vermessungsämter 55
Vespucci 175
Vorschaubild 131

W
Wandertour 158
Wanderwege 18
Wasserfarbenkarte 37
Wassertank 104
Werkzeugleiste 70
Wert 63
Wikipedia 51
Windows Phone 185
Windows RT 189
Windows-Tablets 189
Wintersportpisten 20

X
xMaps 185
XML 231

Z
Zoombar 196
Zoomfaktor 70
Zoomstufen 166